Roland Lepage, Le temps d'une vie, Montréal, Leméac, coll. « Théâtre canadien », 1974, p.

Le Temps d'une vie

Photo de la couverture: Christian Lacroix

ISBN 0-7761-0037-8

Dépôt légal — Bibliothèque Nationale du Québec
3e trimestre 1974.

Roland Lepage

Le Temps d'une vie

LEMÉAC

présentation
par
François Ricard

Tout comme la Complainte des hivers rouges, *seule pièce de Roland Lepage publiée jusqu'à ce jour*[1], le Temps d'une vie *est ce qu'on appelle une œuvre de commande. On a imposé à l'auteur un ensemble de règles bien précises, une sorte de schéma ou de moule abstrait à l'intérieur duquel il devait élaborer sa propre création. Ces règles sont décrites dans l'avant-propos: il fallait utiliser quinze comédiens (huit hommes et sept femmes), et prévoir pour eux, premièrement, des exercices de groupe où seraient employées la plupart des techniques enseignées dans une école d'art dramatique, c'est-à-dire l'expression corporelle, la danse, le mime, la chanson, la vocalisation, etc.; deuxièmement, des scènes*

1. Montréal, Leméac, 1974, collection «Répertoire québécois», n° 46.

à deux personnages, jouées à chaque fois par des comédiens différents (afin que tous profitent également de l'expérience) et empruntant leur thème aux diverses modalités de l'émotion humaine (douleur, amour, jalousie, nostalgie, etc.). Il s'agissait donc, tout en tenant compte de chacune de ces conditions, de composer une œuvre cohérente, bien charpentée, et porteuse de signification.

D'aucuns, qui croient dur comme fer à l'absolue gratuité de l'art, s'offusqueront de ce procédé et refuseront de voir dans un tel exercice le produit d'une véritable «création» littéraire ou dramatique. C'est qu'ils oublient que toute écriture théâtrale, si originale qu'elle se veuille, dépend toujours de certaines conventions, de certaines règles préétablies, que l'artiste, malgré qu'il en ait, ne peut pas ne pas respecter. Le simple fait qu'il soit destiné à la représentation, c'est-à-dire qu'il doive éventuellement se changer en gestes et en paroles d'acteurs, pose déjà au texte dramatique, avant même qu'il ne soit écrit, des conditions on ne peut plus strictes, qui limitent nécessairement le champ de ses formes possibles. En ce sens, tout écrit théâtral, quel qu'il soit, est toujours dans une certaine mesure un ouvrage commandé. Or qu'on ajoute à ces conditions de base, inhérentes au genre, telle ou telle autre exigence de détail comme celles qui furent proposées à l'auteur du Temps d'une vie, *cela augmente certes la complexité du «problème», mais n'en altère aucunement la nature, loin de là, faisant plutôt apparaître avec encore plus d'évidence le caractère foncièrement conventionnel de toute écriture dramatique. En effet, il s'agit toujours, pour l'écrivain de théâtre, de se conformer à un ensemble de règles fixées d'avance, impossibles à transgresser, et de trouver à l'intérieur de ce cadre une voie ouverte à son invention.*

Ce qu'a tout à fait réussi Roland Lepage, qui, tout en respectant rigoureusement les normes imposées, a su créer une œuvre où ces normes, en aucun moment, ne semblent étrangères à l'action particulière qu'elles soutiennent, c'est-à-dire où la contrainte extérieure, se transformant en une nécessité interne qui est celle même du drame, se dissimule ainsi à notre regard et cesse de nous paraître arbitraire. C'est sans doute là le principal mérite de ce texte: qu'une forme, prédéterminée, suscite elle-même un contenu qui lui soit parfaitement adapté et l'emplisse, ce faisant, de vie et de signification. Car il faut bien comprendre que l'idée de la pièce — l'histoire de Rosana Guillemette — n'a pas été conçue par l'écrivain indépendamment des règles strictes qu'on lui fixait, règles auxquelles il aurait dû ensuite plier cette idée. Ce sont plutôt ces règles elles-mêmes qui, formant un réceptacle, suggérant un dessin ou un rythme, se sont bientôt mises à tendre vers leur concrétisation, à appeler pour ainsi dire l'inspiration qui réaliserait leur plan de la manière la plus efficace. Cela illustre on ne peut mieux le rôle capital, originel, de la forme dans la genèse de l'œuvre littéraire, et montre à quel point, dans l'écriture dramatique notamment, les déterminations génériques n'agissent pas seulement comme un but final à atteindre, mais sont à l'œuvre dès le départ, dans la conception même du texte. En effet, même lorsque le dramaturge n'a pas à tenir compte comme ici d'une série de conditions extrêmement particulières, il reste, comme j'ai dit plus haut, que le seul fait d'écrire pour la scène détermine de façon tout à fait radicale le domaine de son inspiration:

l'idée, au moment même où elle naît, est d'ores et déjà marquée par les exigences dramatiques, à tel point qu'on peut presque dire que ce sont ces exigences mêmes qui non seulement façonnent l'imagination du dramaturge, mais l'éveillent et la fécondent. N'est-ce pas là ce qu'il faut entendre lorsque Claudel, à l'instar de tant d'autres auteurs dramatiques, parle de son fameux «théâtre intérieur»? Cette expression implique, en effet, qu'un sujet ne devient pas théâtral seulement après qu'il a été coulé dans certaine forme et plié à certain type de conventions, mais qu'il l'est au contraire dès l'origine, et que les conditions de la représentation font partie intégrante du processus même de son invention.

Aussi, qu'elle ait été écrite sur commande n'enlève rien à la valeur de la pièce qu'on va lire, bien au contraire; elle demeure éminemment, malgré les règles qui lui ont été prescrites de l'extérieur (et même grâce à elles), le fruit d'une authentique création, pourvu qu'on sache donner à ce mot son sens véritable, exempt de vaines mystifications. Et c'est pourquoi, même s'il ignore les circonstances de sa composition, le lecteur trouvera dans cette pièce — d'abord imaginée comme un «exercice dramatique[2]» à l'intention d'une classe d'apprentis comédiens — tout ce qui le retient et le fascine ordinairement dans une œuvre théâtrale, si «gratuite» qu'elle puisse être. Car la réussite de Roland Lepage, comme je le disais, est d'avoir su rendre féconde la contrainte qu'on lui a posée, de l'avoir en quelque sorte intériorisée, d'en avoir fait l'armature

2. Dans le manuscrit, la pièce portait en sous-titre: «exercice dramatique», que l'auteur, pour la publication, a remplacé par «chronique intime».

nécessaire et significative d'un drame qui trouve en elle la source et l'assurance de sa propre cohérence, si bien que cette forme préétablie, cessant de paraître imposée à l'imagination, semble au contraire en découler ou en naître, tant elle concourt étroitement à la production et à la manifestation du sens.

Comment, dès lors, interpréterons-nous l'histoire qui va se dérouler tout à l'heure? On serait tenté, au premier abord et en ne se fiant qu'au sous-titre: «chronique intime», d'y voir seulement le récit d'un destin singulier — celui de Rosana Guillemette — et, au mieux, une peinture des mœurs et de la vie québécoises de la première moitié de ce siècle. Obéissant à une intention quasi naturaliste, la pièce aurait alors une portée avant tout sociologique, au même titre que la plupart des œuvres utilisant cette langue d'avant l'écriture qu'on nomme aujourd'hui le joual. Mais cette façon de voir, bien que commode, serait nettement incomplète, vu qu'elle ne tiendrait compte, en tout et pour tout, que d'une seule moitié du texte, c'est-à-dire les «scènes», et obligerait à considérer l'autre moitié, les «tableaux», comme une pure décoration n'ajoutant rien d'essentiel à la signification de l'ensemble.

Or il me semble au contraire que cette division de la pièce en scènes et tableaux revêt une importance capitale, dès qu'on s'arrête un tant soit peu au rapport existant entre les unes et les autres. La différence entre les deux modes de présentation est très bien marquée: les «scènes» relatent divers épisodes de la vie de Rosana, d'une manière assez réaliste, et en employant un langage aussi parlé que possible, tandis que les «tableaux» se déroulent plutôt sur un ton symbolique, avec des figurants anonymes, et en ayant recours le plus souvent à un langage poétique assez recherché. Toutefois, la correspondance thématique entre scènes et tableaux est toujours très étroite, ceux-ci illustrant, de façon abstraite et générale, la situation que doit affronter Rosana dans sa vie concrète et particulière, c'est-à-dire dans les scènes, situation dont se trouvent ainsi dégagé le modèle ou l'archétype, et mise en évidence la signification centrale. Il s'établit par là, du singulier à l'universel, de l'individu au groupe, de l'image passagère à son arrière-fond permanent, une relation de conformité parfaite.

On notera cependant autre chose: toujours, la scène est précédée — non pas accompagnée, ni suivie, mais précédée — par le tableau, de sorte que la fonction de ce dernier s'avère double. Non seulement il éclaire la scène qui va suivre et nous en fournit la clé avant même qu'elle ait lieu, préparant ainsi notre attention à se concentrer sur l'essentiel, mais aussi, et surtout, il donne à cette scène l'aspect de l'inéluctable. En effet, d'être ainsi sans cesse préfigurée par le tableau, la scène ne tarde pas à nous apparaître comme une sorte de produit de celui-ci, c'est-à-dire comme la simple répétition, le simple reflet d'un processus déjà accompli et qui ne peut que se reproduire inexorablement. C'est pourquoi aucune action, aucune parole de Rosana ne nous réserve de surprise: en réalité, a-t-elle seulement le choix de ses actes ou de ses sentiments, et son comportement ne fait-il pas plutôt qu'obéir à ce qui a d'ores et déjà été prévu et décidé? En d'autres mots, le lecteur (le spectateur) tend à interpréter plus ou moins la séquence tableau-scène comme une rela-

tion de cause à effet, la vie du ou des personnages n'étant plus dès lors que l'accomplissement uniforme d'une loi écrite avant eux, en leur absence, et qui exerce maintenant sur eux un pouvoir absolu. Ainsi, le rapport de l'individu (scène) au groupe (tableau), du concret à l'abstrait, du présent au passé (ou à l'éternel), n'en est plus seulement un de conformité, mais aussi de dépendance et de domination.

Ce n'est pas en vain, d'ailleurs, que les tableaux ont tous plus ou moins l'aspect d'un cérémonial, c'est-à-dire d'une activité réglée minutieusement jusque dans ses moindres détails, où chaque individu, qui n'a plus ni nom ni visage, renonce aussi à sa propre liberté et se soumet entièrement au rythme et à la figure d'ensemble, afin que se réalisent par lui des fins collectives qui supplantent infiniment les siennes et pratiquement les annulent. Même, il arrive que les figurants de ces tableaux soient des animaux (VI, VIII) ou des plantes (VII), c'est-à-dire des créatures dépourvues de toute volonté propre, ce qui accentue d'autant la primauté accordée ici à la nécessité, au rituel, à l'abolition de l'individu. Or le climat du tableau se répercute directement sur la scène qui le suit, de sorte que Rosana, qui s'imagine vivre sa vie et décider elle-même de son sort, apparaît en réalité comme l'égale des figurants de ce tableau, c'est-à-dire aussi peu libre qu'eux, aussi rigoureusement soumise au rite, et comme eux condamnée à exécuter le même scénario, la même danse, la même terrible liturgie dont le plan a été dressé dès l'origine, sans qu'elle y puisse rien. Ainsi, éprouvant des émotions, posant des gestes ou proférant des paroles qu'elle croit siens, Rosana ne fait-elle que répéter un cérémonial séculaire, au même titre d'ailleurs que tous les autres personnages, qui ne sont eux aussi que des figurants, pris comme elle dans un jeu aux règles immuables. Même l'«aventure», même la «liberté» de Willy, déjà prévues par le tableau précédent (III), font partie de ce jeu et lui sont commandées de force, sans qu'il ait à les choisir ou qu'il puisse y échapper. Seul Georges-Albert, peut-être, réussit à agir de son gré, lorsqu'il quitte la ferme paternelle et part pour la ville; mais il ne trouvera dans l'espace extérieur que déchéance et déshéritement. Car nul ne peut rompre la fatalité, nul ne peut se soustraire à la loi, et Rosana moins que quiconque.

On peut donc, à ce point de notre réflexion, dégager ce qui constitue probablement la signification centrale de la pièce: le destin. Non pas le destin exemplaire et grandiose des Xerxès, des Oedipe ou des Phèdre, mais un destin sans fracas, sans yeux crevés ni suicides, le destin pauvre et banal des petites gens, mais qui, d'être ainsi présenté, avec tant de dépouillement et tant d'humilité, laisse mieux voir peut-être que s'il provoquait des pleurs et des hauts cris, la cruauté sournoise, l'infinie platitude de son œuvre. La vie de Rosana Guillemette est terne, monotone, exempte de catastrophes; mais elle est inexorable. Qu'elle ait un jour, six ans, dix-huit, vingt-cinq, trente-cinq, quarante-cinq, cinquante-cinq ou enfin soixante-cinq ans, Rosana ne change jamais. Le passage du temps n'entraîne pas ici le progrès de l'être, ni conquête ni épanouissement, mais au contraire une sorte d'immobilité ou de soumission de plus en plus profonde; seules marchent les choses, seul augmente l'âge. Du début à la fin, Rosana demeure comme hors de sa vie, sans autre choix que celui de répéter inlassablement la vie des autres avant elle, et de s'y conformer absolument. Unique femme de cet univers, constamment dominée et meurtrie par l'homme — frère, bien-aimé, père, mari ou fils —, elle est soumise en toutes choses aux commandements du destin.

Je ne veux donner à ce mot — le destin — aucun contenu précis, et je tiens à lui conserver autant que possible son aspect purement fonctionnel. Libre au lecteur de l'interpréter à sa guise et de le décrire en termes métaphysiques, historiques ou socio-politiques, comme il lui plaira. Pour ma part, je l'emploie seulement pour désigner la dépossession de l'être, son asservissement à un pouvoir extérieur à lui-même, et par conséquent sa condition de dominé, c'est-à-dire le fait qu'il ne dispose pas de lui-même et soit perpétuellement condamné à modeler sa vie sur des schèmes établis sans son concours. En un mot: le fait de vivre en l'absence de soi-même. Or n'est-ce pas là, singulièrement, le sort de Rosana?

Outre la présence — et l'action — des «tableaux», on trouve dans la pièce plusieurs éléments secondaires qui illustrent et rendent encore plus frappante la soumission de Rosana. Le thème (l'obsession) du temps qui passe en est un des plus efficaces. Sans cesse, dans les dialogues ou les monologues des personnages comme dans les mélopées qui ouvrent chaque tableau, revient cette hantise des heures perdues, des années qui s'envolent, de l'effritement de toutes choses. Même effet produit, également, par le déroulement des saisons, qui a lieu parallèlement à celui de l'existence de Rosana: la scène II se passe à l'été, la scène III au début de septembre, la scène IV en novembre, et ainsi de suite jusqu'à la dernière, celle de la mort, qui se situera en juin et bouclera ainsi le cercle complet de l'année. L'âge, les saisons: deux images de la même fatalité, de la même inflexible autorité, devrait-on dire, qui pèse sur la vie de Rosana.

Toutefois, aucune évocation du destin n'est plus efficace que le thème de la mort, qui non seulement, mêlé à la naissance de Rosana, ouvre la pièce et la referme ensuite à la toute fin, mais qui la traverse aussi de part en part, ainsi qu'un courant sourd, toujours menaçant, difficilement contenu, et dont l'ombre reparaît sans cesse au moindre affaissement de l'action. Presque chaque tableau et chaque scène, en effet, se terminent sur une image de désolation: les têtes affaissées sous le remords et la désillusion (tableau II), le trou noir au crâne de la poupée de Rosana (scène II), la solitude de la femme après le départ de son bien-aimé (tableau et scène III), l'abandon immobile de la Promise (tableau IV), l'hiver dans la campagne déserte (tableau V), la bataille des loups (tableau VI), l'arbre abattu par le bûcheron (tableau VII), etc., voilà autant de figures qui disent à tout moment la défaite de l'être et l'imminence de sa destruction: le voisinage, le progrès continu de la mort, suprême soumission.

Les années qui passent, les saisons qui se succèdent, la mort qui guette: tel est donc le décor où s'écoule le temps de cette vie. Décor proprement inhumain, en ce sens qu'il résume en lui toute l'impossibilité où se trouve le personnage de régler sa propre existence, dont le rythme autant que l'orientation lui échappe irrémédiablement. Rosana est dans le monde comme une bête en cage, attentive à ses barreaux, démunie de tout pouvoir, et soucieuse seulement de ne pas déroger aux prescriptions de son destin.

Consent-elle à cet emprisonnement? Il est malaisé de le dire. En tout cas, elle ne fait rien pour s'en évader, ni même pour exprimer quelque révolte, si ce n'est par la douleur — une douleur secrète, retenue, et qui ronge sans arrêt. Autrement, son attitude est tout empreinte de résignation. Le seul mouvement de révolte qui se fait jour au cours de la pièce, outre la fuite de Georges-Albert, apparaît à la toute première scène, dans le dialogue entre le Docteur et Charles-Édouard, le père de Rosana, qui vient de perdre sa femme. Mais c'est une révolte à peine avouée, qui ne dure, dirait-on, que le temps de se réprimer et de faire aussitôt place à l'acceptation, comme s'il s'agissait par là de placer Rosana, dès sa naissance, dans un climat qui sera celui de toute sa vie. Elle qui vient au monde comme un coup du destin, en emportant la vie de sa mère et en obligeant son père à prendre conscience de l'inutilité de toute récrimination, elle deviendra peu à peu, à mesure qu'elle avancera en âge, le symbole même de la soumission, s'abandonnant de plus en plus profondément, de plus en plus totalement, à cette obscure autorité qui la garde sans cesse sous sa dépendance et se joue à son gré d'elle et de sa vie. Il faut se résigner, répète-t-elle sans cesse, il faut «se faire une raison», car comment subir autrement ce qui nous gouverne — absolue déraison — et contre quoi nous ne pouvons rien?

À la fin, Oedipe se crève les yeux. Rosana, elle, n'a plus dans sa tête qu'«un trou noir... noir... noir». Jusqu'au plus intime de l'être, le destin a vaincu.

Septembre 1974

À ceux que l'aventure de monter la pièce pourrait tenter

Dans sa forme originale, ici publiée, le *Temps d'une Vie* a été conçu pour une distribution de quinze comédiens, huit hommes et sept femmes. À chaque scène, les personnages étaient joués par des acteurs différents: ce procédé permettait d'offrir à chacun des quinze interprètes un rôle de même importance et d'égal intérêt. D'autre part, les tableaux insérés en guise de transition entre les scènes regroupaient toute la compagnie pour commenter les divers moments de l'action principale: ils constituaient ainsi un exercice de travail collectif faisant appel au mime, à la danse, au chant choral, ainsi qu'aux techniques d'improvisation.

On peut cependant fort bien imaginer une autre façon de représenter cette pièce. D'abord les tableaux seraient supprimés et, seuls, les poèmesrefrains serviraient à relier les scènes entre elles. Le personnage central de Rosana serait joué par la même comédienne tout au long de l'action, tandis que ceux de Charles-Édouard Guillemette, le père, et de Georges-Albert, le frère, dans chacune des scènes où ils reviennent, seraient tous deux interprétés par les deux mêmes comédiens. Il ne suffirait plus alors que d'apporter, dans la scène finale, quelques légères modifications aux répliques de Rosana, et la pièce pourrait se jouer avec sept acteurs seulement, une femme et six hommes. La distribution, par ordre d'entrée en scène, s'établirait donc ainsi :

Charles-Édouard Guillemette, 30 ans, puis 55 ans.
Docteur Caron, environ 50 ans.
Rosana, de 6 à 65 ans.
Georges-Albert, 7 ans, puis 46 ans.
Willy, 23 ans.
Télesphore Tremblay, 37 ans.
Victorien, 29 ans.

Un metteur en scène a même suggéré une forme de représentation encore plus dépouillée, qui réduirait la distribution à trois interprètes, une femme et deux hommes. À la convention théâtrale permettant de faire jouer le personnage de Rosana à tous les âges, de l'enfance à la vieillesse, par une même comédienne en correspondrait une autre, et tous les hommes qui ont compté dans la vie de Rosana, son père, son frère, son amoureux, son mari, son fils, se trouveraient interprétés par un même comédien composant une série de personnages différents. Seul le docteur Caron, dont le rôle symbolique est d'assurer le passage entre le néant et l'existence, entre le monde de la vie et celui de la mort, tel l'homonyme nocher des rives infernales, serait incarné par un troisième acteur.

De toute manière, en dépit de son langage familier, de son caractère intime et quotidien, le *Temps d'une Vie* n'est pas une œuvre réaliste. Que trois, sept ou quinze interprètes s'en partagent les rôles, ils devront toujours largement compter, pour que leurs personnages puissent l'atteindre et le toucher, sur l'imagination d'un public prêt à accepter toutes les conventions dramatiques. Mais sans cet accord entre spectateurs et acteurs, entre la salle et le tréteau, comment pourrait donc jamais se réaliser le miracle du théâtre?

Roland Lepage

Montréal, 24 juin 1974

LE TEMPS D'UNE VIE

chronique intime
en huit tableaux et huit scènes

PERSONNAGES

CHARLES-ÉDOUARD GUILLEMETTE, à 30 ans.
DOCTEUR CARON, environ 50 ans.
ROSANA, à 6 ans.
GEORGES-ALBERT, à 7 ans.
ROSANA, à 18 ans.
WILLY, 23 ans.
ROSANA, à 25 ans.
CHARLES-ÉDOUARD GUILLEMETTE, à 55 ans.
ROSANA, à 35 ans.
TÉLESPHORE TREMBLAY, 37 ans.
ROSANA, à 45 ans.
GEORGES-ALBERT, à 46 ans.
ROSANA, à 55 ans.
VICTORIEN, 29 ans.
ROSANA, à 65 ans.

DÉCORS

Un dispositif scénique fonctionnel, avec agencement de praticables permettant de situer sur le plateau les divers lieux requis selon les scènes.
L'action commence dans les premières années de ce siècle et se déroule à la campagne, à la ferme des Guillemette. À la fin seulement, la dernière scène se situe dans la ville de Québec.

Le temps d'une vie, chronique intime en huit tableaux et huit scènes, a été commandé à l'auteur par la section française de l'École Nationale de Théâtre, comme exercice d'interprétation pour les étudiants de première année. Cette pièce a été présentée à Montréal pour la première fois, en atelier ouvert, le 27 février 1974, dans une mise en scène d'André Pagé, avec:

Ginette Audet, Lisette Dufour, Danièle Grenier, Katherine Kilfoil, Louise Lambert, Paule Marier, Sylvie Prégent;

Denis Brassard, Alain Charbonneau, Ronald Cyr, Marc Drouin, Daniel Dubois, Michel Labelle, Robert Marinier, Jean Sainte-Marie.

Je dédie cette pièce à mes parents,
bons vieux Québécois de Québec;
en écoutant la belle langue
qu'ils me parlent encore aujourd'hui,
j'ai entendu la voix
et l'âme de mon pays.

R.L.

PREMIER TABLEAU

À l'exception de celui qui joue Charles-Édouard Guillemette, tous les comédiens, constituant le chœur, sont assis par terre, au fond du plateau. Les femmes se trouvent groupées d'un côté, les hommes de l'autre, sauf celui qui joue le Docteur Caron. Tous ensemble vivront le travail de l'accouchement: les hommes, ce sont les battements du cœur; les femmes, c'est la respiration de la mère en travail.

Le Docteur Caron se tient en face du chœur, présidant à la naissance, opérant la délivrance de la femme. Il contrôle et dirige les battements du cœur et la respiration, il agit comme une sorte de coryphée.

Les six hommes sont divisés en deux demi-chœurs: le premier, formé de trois garçons, scande les battements du cœur de la mère; le second, constitué par les trois autres, les battements du cœur de l'enfant.

Ce bruit rythmé des contractions cardiaques devrait, si possible, être réalisé vocalement sans l'aide d'aucun instrument. Il faut que chaque membre du chœur vive dans son corps cette expérience de l'enfantement.

Pour commencer, on établira le battement régulier du cœur de la mère, en accord avec le rythme de respiration des femmes. Le cœur de l'enfant, lui, bat en sourdine et déjà sur un rythme autonome, indépendant de celui de la mère.

Progressivement le cœur de la mère bat plus fort, plus rapidement. De même la respiration s'accélère, devient plus profonde, haletante, et, par intervalles, se transforme en cri, en hurlement de douleur.

Essayer d'établir un accord entre le rythme cardiaque, les halètements et les contractions.

Le rythme du cœur s'affole. Le bruit des pulsations s'enfle, devient assourdissant. La respiration se contient dans l'effort, puis se déchaîne à la débandade : presque un râle.

Une grande déchirure. Un long cri douloureux, qui se brise en même temps que la respiration ralentit.

Le Docteur claque dans ses mains : on entend le premier vagissement d'un nouveau-né. Le battement du cœur de l'enfant se perçoit plus distinctement, sur un ton différent de celui de la mère : plus élevé.

Le cœur de la mère faiblit, ralentit peu à peu. De même la respiration s'éteint progressivement, devient un petit râle plaintif.

Un dernier soupir.
Un dernier battement de cœur.
Plus rien pendant quelques instants.
Le bruit du cœur de l'enfant s'estompe sous les pleurs, que des chuchotements de femmes réussissent peu à peu à calmer.

Une voix commence à chanter en sourdine l'air d'une berceuse québécoise: Sainte Marguerite, veillez ma petite...

Le comédien jouant le Docteur Caron se lève et descend vers le plateau.

SCÈNE I

Pendant tout le tableau précédent, Charles-Édouard Guillemette se trouvait présent sur le plateau, assistant de loin à la naissance de son enfant. Il est dans une autre partie de la maison, dans la cuisine. Il attend, il écoute. Les cris de la mère le font tressaillir. Il peut marcher, tourner en rond, rester assis, l'oreille tendue. Il vit dans l'impuissance l'angoisse de cette naissance. Réaction aux premiers vagissements du nouveau-né : il se lève pour mieux écouter...

Puis le Docteur Caron apparaît dans l'escalier, descendant de l'étage des chambres. Charles-Édouard s'avance vivement à sa rencontre.

CHARLES-ÉDOUARD — Pis, Docteur?...

DOCTEUR CARON — Ben, ça y est, c'est fini. Te v'là avec une fille, à c't'heure!

CHARLES-ÉDOUARD — Une fille?

DOCTEUR CARON — Ouais. Une belle tite fille, qui va r'ssembler à sa mére.

CHARLES-ÉDOUARD — Pis, elle, comment c'est qu'alle est?

DOCTEUR CARON — Gearmaine?

CHARLES-ÉDOUARD — Ouais, ma femme.

DOCTEUR CARON — Ah! j'peux t'dire qu'alle a été... ben courageuse.

CHARLES-ÉDOUARD — A'nn a arraché, hein?

DOCTEUR CARON — Ah oui! Pauv' Gearmaine, ç'a été ben dur!

CHARLES-ÉDOUARD — J'ai jamais vu une créyature avouèr tant d'misére de même pour avouèr des enfants. Les quat'z aut' foès, ç'a été pareil: y'nn a eu trois qui sont morts en v'nant au monde. C'pas drôle, ça, Docteur. Pauv' Gearmaine! A'nn arrache comme une moutonne qui s'rait pour avoèr un veau.

DOCTEUR CARON — J'te l'ai déjà dit, Charles-Édouard... *(Un temps.)* C'tait une bonne femme, mais a'était pas faite pour avoèr des enfants.

CHARLES-ÉDOUARD — J'sais ben, Docteur, mais qu'est-c' c'est qu'vous voulez? Quand on est mariés, faut ben qu'on laisse v'nir la famille.

DOCTEUR CARON — En tou'es cas...! Y a toujours ton Georges-Albert qu'on a réchappé, pis à c't'heure c'te p'tite-là... Un garçon, une fille, c'pas trop mal partagé.

CHARLES-ÉDOUARD — Ouais. Mais ça fait pas encôre ben du monde autour d'la tab', pour el'souper, ça. Pas ben du monde non plus pour travailler dans l'champ, pis faire du bois. Cheuz nous, on était treize enfants dan'a maison, huit garçons, pis cinq filles. Ça, c't une famille comme du monde!

DOCTEUR CARON — Ouais, mais ta mére, c'pas pareil. Tout l'monde el' disait: «Alvine Guillemette, c't une vraie manufacture d'enfants!» A'avait ça comme une lapine fait ses p'tits.

CHARLES-ÉDOUARD — Ça, j' vous croès. Pis pas besoin d'docteur, elle! A'était en train d'sarcler dans l'jardin, pis tout d'un coup, c'est elle qui racontait ça, 'a mére, a' sentait v'nir ça ent' les jambes. A' s'ramâssait en serrant 'es cuisses, a' rentrait vit'ment dan'a maison, pis, deux heures après, c'tait faite. El'p'tit était d'jà dans l'ber, en train d'brâiller!

On a entendu à diverses reprises les pleurs et les cris forcenés de l'enfant.

DOCTEUR CARON — En tou'es cas, la p'tite, alle a des bons poumons, hein? Ç'a pas l'air de faire ben ben son affaire que ses tantes soyent en train d'la laver, pis d'l'emmailloter.

CHARLES-ÉDOUARD — Mais, Gearmaine, elle, a'est-y ben maganée? J'vas-t-y pouvoèr monter la voèr un brin?

DOCTEUR CARON, *embarrassé* — Ben... ta femme, Charles-Édouard, c'est ça que j'voulais t'dire tantôt... C'est ça qu'y faut que j'te dise... Pauv' Gearmaine! Alle a ben faite son devoèr, moè'si, j'ai faite el'mieux qu'j'ai pu, mais... c'tait trop dur pour elle.

CHARLES-ÉDOUARD — Hé là, Docteur Câron! Qu'est-c' c'est qu'vous voulez dire, vous, là? Vous voulez pas dire que ma femme...?

DOCTEUR — Mon pauv' Charles-Édouard, va falloèr que tu soyes courageux, à c't'heure.

CHARLES-ÉDOUARD, *hésitant* — Ça s'rait-y qu'a' s'rait pour mourir, Docteur?

DOCTEUR — Alle a déjà faite son sacrifice.

CHARLES-ÉDOUARD, *osant à peine demander* — A'est-y morte?

Le docteur hoche la tête affirmativement, sans parler.

CHARLES-ÉDOUARD, *anéanti* — A'est morte.

DOCTEUR CARON — T'sais, une femme qui donne sa vie pour que son enfant vienne au monde, c'est comme une sainte, ça, Charles-Édouard: ça va au ciel tout droète. Çartain qu'à c't'heure, a'est rendue au ciel.

CHARLES-ÉDOUARD — Gearmaine est morte. Voyons don', ç'a pas d'bon sens! Ça peut pas avoèr de bon sens, Docteur. Memaine, ça s'peut pas qu'a' soye morte de même.

DOCTEUR CARON — Les darniéres forces qu'alle avait, a'es a dépensées pour pousser dans l'monde c'pauv' tit enfant-là, qui v'nait pus à bout d'y sortir du ventre. C'tait comme si a' y passait toute son sang, à elle, pour que, lui, y prenne son sang, son souff' pour qu'y prenne son souff', sa vie pour qu'y prenne sa vie. Quand ç'a été fini, alle avait l'cœur qui battait qués'ment pus, a'était rendue au boute. Alle a poussé deux, trois respirs, pis a'est partie comme un poulet. J'pense qu'a' s'est même pas rendu compte que son enfant était au monde.

CHARLES-ÉDOUARD — Vous m'dites ça, Docteur, pis j'vous entends toute ben clair dans ma tête, mais c'est comme si j'tais pas capab' de vous croère. J'peux pas croère qu'a' soye morte!

DOCTEUR CARON — Ça m'fait ben d'la peine pour toè, Charles-Édouard. J'sais qu'tu l'aimais ben gros, ta Gearmaine. *(Un soupir d'impuissance.)* Qu'est-c' tu veux...? Va falloèr que tu t'fasses une raison.

CHARLES-ÉDOUARD — Ah! c'tait une bonne femme, Docteur. C'tait tellement une bonne femme! Y m'semb' que ça s'peut pas. Alle avait pas encôre trente ans, Docteur. Comment ça s'fait?

DOCTEUR CARON — T'sais, j'te l'avais dit, Charles-Édouard. Quand ton tit-gars est v'nu au monde, l'année passée, j't'avais avarti: fallait faire attention, ça s'rait mieux qu'a'nn aye plus, d'enfants.

CHARLES-ÉDOUARD — Faire attention... C'est ben beau, ça, Docteur, mais qu'est-c' c'est qu'vous voulez qu'on fasse, quand on est mariés, pis qu'on reste tout l'temps ensembe? J'l'aimais, Gearmaine, moè, Docteur. J'l'aimais, c'te femme-là. Pis elle aussi, a' m'aimait ben. J'aurais jamais voulu y faire de peine ou ben qu'y y arrive du mal, moè!

DOCTEUR CARON — J'sais ben ça, Charles-Édouard.

CHARLES-ÉDOUARD — Vous pâssez toute la journée sus vot' terre, à vous désâmer, à bûcher du bois, à vous morfond' su'es roches qu'on dirait qu'y en r'pousse aussitôt qu'vou'es avez arrachées. Pendant c'temps-là, vot' femme s'occupe d'la maison, pis des animaux, a' fait l'train, pis a' soègne le p'tit. Mais l'soèr, Docteur, quant' vous avez gâgné vot' journée, qu'vous montez dans vot' chambe... Que vot' femme est là, en jaquette, pis qu'a' s'couche au côté d'vous, dans l'même lite... Pis qu'a'est jeune, a'a pas trente ans, pis qu'vous, vous vous sentez fort, vigoureux comme el'tronc d'un chêne, qui rent' ses racines jusqu'au creux d'la terre, pis qu'y a pas une bourrasq' de nordet pour el'faire plier... Dans c'temps-là, Docteur, comment c'est qu'vous pouvez faire, pour faire attention?

DOCTEUR CARON — Ah! j'te comprends, t'sais.

CHARLES-ÉDOUARD, *continuant à monter dans sa révolte* — Dans c'temps-là, Docteur, vous vous dites que vous êtes mariés, pis que, l'mariage, c'est faite pour la famille que l'bon Dieu veut ben vous envoyer. C'est-y pas ça qu'monsieur l'curé nous a toujours dit, non? Pis là vous pensez qu'si vous faites vot' devoèr, el'bon Dieu devrait avoèr pitié d'vous autes, pis vous espérez qu'y est pas pour vous traiter comme un sauvage!

Un temps très lourd.

DOCTEUR CARON — Qu'est-c' tu veux que j'te dise, mon pauv' Charles-Édouard? Si y en a un qui peut t'comprendre, c'est ben moè. Comment c'tu penses que j'me sens, quand y a un malheur de même qui vient d'arriver? Tu sais pas comment c'que j'voudrais pouvoèr guérir tout l'monde, moè! À quoè ça sert d'êtr' toujours prêt à pas ménager sa peine, à s'lever en pleine nuit, à att'ler en vitesse pour courir les ch'mins défoncés?... Une pauv' tite femme qui t'passe dan'es mains! Penses-tu qu'c'est pas décourageant, ça?... Des foès, j'me l'demande: non, mais à quoè c'qu'on sert, nus autes, les méd'cins? Mett' des enfants au monde, en sachant qu'y'nn a au moins la moètié qui s'rendront mêm' pas à l'âge de dix ans. Soègner des malades, pis la moètié qu'on peut pas empêcher d'mourir... Pourquoè c'qu'on vient au monde, pourquoè c'qu'on meurt? Pis pourquoè c'qu'y a tant d'enfants, tant d'jeunesses qui meurent? Pourquoè c'qu'y a la consomption, qui emporte tant d'beaux garçons, pis d'belles filles qui ont même pas l'temps d'avoèr vingt ans?... Pourquoè c'que l'tit-gars d'Eugène Bouchard est mort du tétanos avant-hier, parce qu'y avait marché nu-pied su'un clou rouillé, tandiss que la mére Verrette a déboulé du haut en bas d'son grenier à soèxante-dix-sept ans, pis alle a réussi à s'en réchapper? Pis là pourquoè c'que ta femme, qui est jeune, pis qui a deux enfants qui ont besoin d'elle, pourquoè c'que j'ai pas été capab' d'la sauver, tandiss qu'y a tant d'vieux, pis d'vieilles qui ont pas d'aut' choses à faire qu'attend' la mort, pis qu'y vont toffer jusqu'à quatre-vingt-dix ans?... *(Un temps, presque las.)* Voès-tu, on est là avec nos r'mèdes, pis nos pilules, nos gros liv' de méd'cine, pis not' pauv' tit savoèr, on essaye de faire pour le mieux, mais on est pas capab' de faire des mirâcles. *(Sourdement, avec encore un sursaut de révolte.)* Pourtant c'est ça qu'y faudrait! Faire des mirâcles! Pouvoèr faire des mirâcles!... *(Écrasé par son impuissance.)* Mais on peut pas.

L'autre le regarde longuement.

CHARLES-ÉDOUARD — Ça doèt êt' parc' que c'est 'a volonté du bon Dieu.

DOCTEUR CARON, *songeur et amer* — Ouais!... La volonté du bon Dieu!... *(Avec tout le poids d'un doute.)* Ouais!... J'me d'mande pourquoè c'que j't'ai dit tout ça, mon pauv' Charles-Édouard. C'pas ben, ben la maniére pour t'encourager, pis compatir avec toè. Mais, t'sais, moè'si, ch'us déjà passé par là. J'te comprends.

CHARLES-ÉDOUARD — Ça va êt' dur, Docteur.

DOCTEUR CARON — J'sais ben, mais faut pas t'laisser décourager. Moè aussi, ch'us d'jà passé par là: ch'us v'nu veuf de ma premiére femme, j'avais vingt-huit ans. *(Avec un soupir de résignation.)* Qu'est-c' tu veux?... Faut s'faire une raison!

On entend les pleurs de l'enfant nouveau-né. Une voix de femme chantonne la berceuse Sainte Marguerite... *et le bébé va s'apaiser peu à peu.*

CHARLES-ÉDOUARD, *sombrement* — Ouais.

DOCTEUR CARON — Pis y va t' rester tes deux enfants, ton p'tit gars, Georges-Albert, avec c'te p'tite fille-là, qui a l'air ben en santé, pis qui d'mande pas d'aut' chose que vivre.

CHARLES-ÉDOUARD — Ah! Docteur, quand j'pense que sa pauv' mére... *(Il s'arrête en étouffant un sanglot.)*

DOCTEUR CARON, *ému lui-même* — Voyons, Charles-Édouard, fais un homme de toè!... Faut qu'tu soyes fort, pis courageux. Ces deux enfants-là, y peuvent pus compter rien qu'sus toè. Pis... dis-toè qu'ta femme, à c't'heure qu'a'est rendue d'l'aut' bord, a'est pas pour t'laisser tut seul non plus. A' va veiller su'eux autes, pis a' va continuer à t'aider.

CHARLES-ÉDOUARD — Pauv' Gearmaine!

DOCTEUR CARON — Viens. Monte avec moè, j'vas t' montrer ta fille.

CHARLES-ÉDOUARD — Pauv' Gearmaine! A' disait qu'si c'tait une fille, qu'on était pour avoèr, alle aim'rait ça qu'on l'appelle Rosanâ.

DOCTEUR CARON — Rosana? C't un beau nom... Viens. Tu vas voèr comme c't une belle tite catin, ta Rosana!

Ils sortent vers l'escalier de la chambre.

DEUXIÈME TABLEAU

Tout le groupe, à part le couple devant jouer Rosana et son frère à la scène suivante, constituera le chœur.

On entend d'abord les voix dire une sorte de poème-refrain, qui reviendra avec des variantes, au début de chaque tableau.

7 HOMMES —
Pâssent les jours,
Pâss' les années,
V'là l'temps qui pâsse
Et qui s'en va!

6 FEMMES —
Le temps des jeux,
Dors, ma catin!
Dors, mes amours!
Le temps des jeux
Dur' qu'un matin.
Mon doux, qu' c'est court!

7 HOMMES —
Pâss' les années,
Pâssent les jours,
La vi' qui pâsse
Et qui r'vient pas!

L'un des garçons restera en dehors de l'aire de jeu. Les douze autres, six garçons et six filles, entrent joyeusement sur le plateau, se tenant par la main pour former une farandole, comme des enfants qui jouent en toute liberté et insouciance.

6 HOMMES ET 6 FEMMES, *chantant et dansant sur un rythme vif et gai* —
Promenons-nous dans le bois,
Tandis que le loup y est pas.
Loup, y es-tu ?
M'entends-tu ?

Ils s'arrêtent pour écouter. Un moment de silence.

Puis ils se divisent en deux files de six, trois garçons et trois filles, se tenant toujours par la main. Les deux groupes avancent l'un vers l'autre, puis reculent chacun d'un côté, un peu comme dans les danses carrées. En même temps, on reprend la chanson, un ton plus haut.

6 HOMMES ET 6 FEMMES —
Promenons-nous dans le bois,
Tandis que le loup y est pas.
Loup, y es-tu ?
M'entends-tu ?

Arrêt. Un temps de silence. Les deux files se défont en six couples. Ces derniers se mettent à tourner autour du plateau, en dansant la promenade. Reprise de la chanson, encore un ton plus haut.

6 HOMMES ET 6 FEMMES —
Promenons-nous dans le bois,
Tandis que le loup y est pas.
Loup, y es-tu ?
M'entends-tu ?

Nouvel arrêt, nouveau silence : on écoute. Garçons et filles de chaque couple se tournent l'un vers l'autre, face à face. Ils étendent lentement les bras et commencent à se toucher, chacun promenant ses mains à la découverte du corps de son partenaire. En même temps, ils chantent d'une voix douce et sur un rythme très lent.

6 HOMMES ET 6 FEMMES —
Amusons-nous dans le bois,
Tandis que le loup y est pas.
Loup, y es-tu ?
M'entends-tu ?

Ils ont tous l'air très heureux : une atmosphère de béatitude flotte dans l'air. C'est alors qu'apparaît au fond du plateau, peut-être dressé sur un praticable, le garçon qui n'avait pas participé à la danse. C'est le loup : il doit incarner les tabous, les remords, la conscience du mal, l'interdiction du plaisir, l'annonce lointaine de la mort.

1 HOMME, *lugubre et très lointain, comme un loup qui hurle à la lune* — Whou-ou-ou...!

Les autres demeurent un moment figés.
Puis les filles sont les premières à esquisser le mouvement de se retirer, de se replier sur soi,

dans une attitude de pudeur et de trouble.
Tous baissent la tête avec un air coupable.
Ils sortent lentement, abattus par le remords et l'angoisse qui commencent à peser sur eux.

SCÈNE II

Un jour d'été où il pleut. Rosana a six ans. Elle se trouve dans la grange, en train de jouer: assise sur une balle de foin, elle berce sa poupée.

ROSANA, *chantant* —
Sainte Marguerite,
Veillez ma petite.
Endormez ma tite enfant
Jusqu'à l'âge de quinze ans.
Quand elle aura quinze ans pâssés,
Y faudra la marier
Avec un tit bonhomme,
Qui viendra de Rome.
(Parlant à la poupée.) Dors, Loulou. Pourquoè tu veux pas dormir? Mâman t'a chanté une belle tite chanson, pis tu dors pas encore? C'est-y parc' que t'es malade, Loulou? Où c'est t'as du bobo? C'est-y au vente, dans ta bedaine? C'est-y dans ta tête? T'as-t-y mal aux oreilles, Loulou? Mâman va t'barcer encore un tit peu... Mais, si t'es trop malade, Loulou, va falloèr aller sus l'docteur. *(Elle se remet à chanter, en berçant la poupée.)*
Sainte Marguerite,
Veillez ma petite...

On entend le son d'un sifflet qui se rapproche. Rosana s'arrête de chanter et tourne la tête vers la porte de la grange.

ROSANA, *appelant* — Georges-Albert!... Georges-Albert!...

Georges-Albert a sept ans. Il entre au pas de course, en soufflant dans un sifflet de sureau.

GEORGES-ALBERT — Rosanâ, r'gârde el'beau sifflette que j'm'ai faite.

Rosana dépose vivement la poupée dans le foin et se précipite vers son frère, avec une expression émerveillée.

ROSANA — Oh!... C'est-y toè qui l'as faite tut seul, Georges-Albert?

GEORGES-ALBERT — Ben oui! Y m'rest' pus yen qu'à l'gosser encôre un tit peu sus l'boute. Y est beau, hein?

ROSANA — Oh, oui! J'aim'rais ça, l'asseyer. Tu veux-t-y me l'prêter, Georges-Albert?

GEORGES-ALBERT — Quins.

Il le lui tend. Elle siffle.

ROSANNA — Y siffe ben... J'aim'rais ça'nn avoèr un, moè'tou.

GEORGES-ALBERT — R'donne-moè-lé. Sais-tu qu'est-c' c'est que j'vas y faire?

ROSANA — Non.

GEORGES-ALBERT — J'vas y marquer mon nom icite, sus l'dessus.

ROSANA — Avec quoè c'tu vas marquer ça, Georges-Albert?

GEORGES-ALBERT — Avec mon ganif. Pas toute el'nom, par 'zempe. Ça s'rait ben qu'trop long. Yen qu'la premiére lett' : un beau G.

ROSANA — Mont' don' ton ganif. Penses-tu que j's'rais capab' de m'en faire un, moè'tou, un sifflette ?

GEORGES-ALBERT — Non, non. Touche pas à ça, Rosanâ. Tu vas t'faire mal. Y coupe, ec'ganif-là !

ROSANA — Mais j'vas faire attention, Georges-Albert.

GEORGES-ALBERT — Non, non, c'trop dangereux. Les couteaux, c'pas faite pour les filles. Va jouer. Va jouer avec ta catin.

ROSANA — Mais vas-tu me l'prêter, des foès, ton sifflette ?

GEORGES-ALBERT — Ben... Quand j'vas l'avoèr fini, j'vas en faire un aute, pis m'as te l'donner.

ROSANA — Oh, qu't'es fin, Georges-Albert! *(Elle reprend vivement sa poupée.)* T'as-t-y entendu, Loulou? Georges-Albert, y va m'faire un beau sifflette.

Georges-Albert se dirige vers la porte et regarde dehors.

ROSANA — Où c'est qu'tu vas ?

GEORGES-ALBERT — J'aurais envie d'sortir ramâsser des vers pour aller à'a pêche. Mais y mouille trop.

ROSANA — Ah, oui ! Y mouille ben qu'trop pour jouer déhors. C'est mieux d'rester icite, dan'a grange. *(À sa poupée.)* On est ben icite, hein,

Loulou ? Faut pas sortir déhors quand y mouille de même. Mâman veut pas qu'tu prennes el'rhume.

GEORGES-ALBERT, *avec une impulsion soudaine* — Eh, Rosanâ ! Pourquoè c'est qu'on grimpe pas dans l'fanil pour sauter dans l'foin ?

ROSANA — Ah ben, non ! J'aime pas ça, sauter dans l'foin. Ça pique trop. L'aut' foès, j'm'ai toute grafignée.

GEORGES-ALBERT — On pourrait jouer que l'feu est pris, pis que l'monde es'jette en bas d'la maison ? C'est moè qui saute el'premier. Toè, tu fais la mére qui est pognée dans l'grenier avec son bebé. Tu m'tires ta catin dan'es bras, pis tu t'garroches par el'châssis.

ROSANA, *à la poupée* — T'as-t-y envie d'jouer au feu, toè, Loulou ? C'est drôle, on dirait qu't'as 'a face toute rouge. Pis t'as l'front qui brûle. Pour moè, t'es malade, Loulou, t'as d'la fieuve ! *(À son frère.)* Veux-tu, on va jouer au docteur ?

GEORGES-ALBERT — Au docteur ?

ROSANA — Toè, tu vas faire el'docteur, pis, moè, m'as aller t'voèr pour soègner mon bebé malade.

GEORGES-ALBERT — Non, non. C'est moè qui vas att'ler mon boghey... M'as aller faire mes visites avec ma tite valise noère, pis m'as arrêter cheuz vous.

ROSANA — Ç'correct. *(À la poupée.)* Pleure pas, Loulou, mâman l'sait ben qu't'as du gros bobo. Mais l'docteur va v'nir et'soègner... En attendant, mâman va t'barcer. *(Chantant.)*

Sainte Marguerite,
Veillez ma petite...

Pendant cette réplique, le garçonnet a fait mine d'atteler un cheval.

GEORGES-ALBERT — Bon! j'ai fini d'att'ler. À c't'heure, faut que j' me dépêche. Envoye, la Grise!... *(Il s'est assis et mime l'action de conduire une voiture.)* Y paraît qu'la tite fille de madame Guillemette est ben malade, pi'a' m'a envoyé charcher. Ça doèt êt' el'choléra!... Envoye, la Grise! Ç'pas l'temps d'traîner sus l'chemin. *(Il agite les rênes et fait mine d'exciter son cheval.)*

ROSANA, *à la poupée* — Mon doux! qu'y prend don' du temps à arriver, l'docteur! Mâman sait pas quoè faire, Loulou.

GEORGES-ALBERT — Envoye, la Grise! Grouille-toè don', vieille piquasse!

ROSANA — C'est t'ed ben aux oreilles que t'as mal?... Attends... Mâman va t'ôter ta capine.

GEORGES-ALBERT — Hue don'! hue don'!... Envoye, marche! M'a-t-y falloèr que j'pousse sus l' boghey?

ROSANA, *à son frère* — Ben, dépêche-toè, Georges-Albert! Qu'est-c' tu fais... don'?

GEORGES-ALBERT — J'peux pas aller plus vite. Ç'pas d'ma faute: y mouille, pis les ch'mins sont toute pigrasseux.

ROSANA, *à sa poupée* — Mon doux! qu'ch'us don' inquiète!

GEORGES-ALBERT — Whôoo! Arrié don',

toè!... Bon! nous v'là rendus! *(Il descend de voiture.)*

ROSANA — Oh! j'entends une voèture qui arrive. J'pense que ça doèt êt' el'docteur. *(Elle couche sa poupée.)* Attends-moè, Loulou, m'as aller voèr.

GEORGES-ALBERT, *appelant* — Madame Guillemette!...

ROSANA — Ah! c'est vous, Docteur.

GEORGES-ALBERT — Bonjour, Madame! C'est-y vrai que, vot' tite fille, a'est malade?

ROSANA — Ah, oui! Ch'us assez inquiète!... Rentrez don', m'as vous la montrer. *(À la poupée.)* Quins, Loulou, r'gârde!... C'est l'docteur. Envoye un beau tata au docteur.

GEORGES-ALBERT — C't une belle tite fille, hein? On dirait qu'a' m'fait des risettes... Comment c'est qu'a' s'appelle?

ROSANA — A' s'appelle Loulou.

GEORGES-ALBERT — Pis, comm' ça, vous dites qu'a'est malade?

ROSANA — Oh, oui! Alle a pleuré toute la nuite.

GEORGES-ALBERT — Où c'est qu'alle a mal?

ROSANA — J'pense que c'est dan'a tête.

GEORGES-ALBERT — Ah, bon! Dan'a tête? Comm' ça, ça doèt êt' el'choléra. *(Un temps.)* Alle a-t-y mal au vente?

ROSANA — J'sais pas.

GEORGES-ALBERT — Montrez don'. Faudrait que j'la r'gârde un tit peu...

Il retrousse la robe de la poupée et commence à lui palper le ventre avec gravité.

ROSANA — Mais... vous pensez pas qu'ça pourrait êt' les émygdales?

GEORGES-ALBERT — J'pense pas, Madame... *(Un temps.)* Alle a toute el'vente enflé. C'est çartain qu'ça doèt êt' el'choléra.

ROSANA — Pauv' Loulou! Mâman savait pas qu't'avais l'choléra. C'est-y une grosse maladie, ça, Docteur?

GEORGES-ALBERT — Ah, non! Alle a yen qu'à prend' de l'huile de castor, pis ça va guérir tut suite... *(Un temps.)* Ôtez-y don' ses culottes, pour voèr.

Il n'a pas cessé de palper le ventre et les cuisses de la poupée, avec une sorte d'insistance un peu trouble.

ROSANA — Attends, Loulou... Mâman va t'déshabiller pou' t'montrer au docteur.

Elle enlève la culotte de la poupée. Un temps assez long, pendant lequel le garçon promène ses doigts sur le bas-ventre, le haut des cuisses de la poupée. Le silence devient lourd. Rosana regarde, tout impressionnée.

GEORGES-ALBERT, *se tournant vers la fillette* — Pis, vous, Madame Guillemette, vous vous sentez pas malade?

ROSANA, *troublée* — Moè?

GEORGES-ALBERT — Ouais. L'choléra, c'tune maladie qui s'attrape, ça.

Une espèce de tension chargée d'angoisse, qui va s'accroître peu à peu. Rosana est en même temps fascinée et effrayée.

ROSANA — Euh... non... J'pense pas que j'soye malade.
GEORGES-ALBERT — Sortez don' vot' langue.

Elle tire la langue.

GEORGES-ALBERT, *gravement* — Ç'pas une belle langue, que vous avez là. A'est toute blanche.
ROSANA — C'est-y les émygdales ?
GEORGES-ALBERT — Ça m'surprendrait... Ça doèt êt' el'choléra, comm' vot' tite fille. *(Un temps.)* Vous avez-t-y mal au vente ?
ROSANA — Euh... J'sais pas.
GEORGES-ALBERT — Montrez don', pour voèr... *(Il commence à lui palper le ventre par-dessus sa robe.)* Là, ça vous fait-y mal ?
ROSANA, *hésitante* — Euh... non...

Peu à peu il glisse ses mains sous la robe.

GEORGES-ALBERT — Pis là ?...
ROSANA — Ben...
GEORGES-ALBERT — Pis là ?...
ROSANA — Euh... non...
GEORGES-ALBERT — Vous avez l'vente qui est toute chaud.
ROSANA, *riant nerveusement* — Hi ! Hi !... Ça chatouille. *(Soudain elle tressaille.)* Aye !...
GEORGES-ALBERT — Qu'est-c' y a ? J'vous ai-t-y faite mal ?
ROSANA — Non... mais...
GEORGES-ALBERT — Envoye ! Er'lève ta robe.

ROSANA — Mais, Docteur, ch'us pas malade! J'ai pas mal au vente!

Elle amorce un mouvement de recul. L'autre la retient.

GEORGES-ALBERT — Grouillez pas. Attendez encôre un tit peu...

Il continue à la toucher, à la flatter. La fillette veut se dégager. Elle élève peu à peu la voix.

ROSANA — Non... Arrêtez... Lâche-moè, Georges-Albert!

GEORGES-ALBERT — Mais, Madame, c'est yen qu'pour voèr où c'est qu'vous êtes malade.

ROSANA — Ch'us pas malade, Docteur. C'pas moè, c'est Loulou. Moè, j'ai rien!

GEORGES-ALBERT — Voyons! Crie pas d'même, Rosanâ.

ROSANA — Ben, lâche-moè! Lâche-moè, Georges-Albert. Arrête de m'taponner. *(Gravement.)* T'sais ben qu'c'est défendu.

GEORGES-ALBERT, *durement* — C'correct! Si vous voulez pas vous faire soègner, Madame, tant pire pour vous!

ROSANA, *doucement, plaintive, presque en larmes* — Mais c'pas moè qui est malade... C'tait pas moè, Georges-Albert, c'tait ma catin... Pis alle a pas mal au vente, alle a mal dan'a tête... *(Reprenant le jeu.)* J'pense qu'a' doèt avoèr mal aux oreilles. R'gârdez, Docteur.

Elle a repris sa poupée et elle la tend vers son frère, qui la saisit et lui examine la tête un moment.

GEORGES-ALBERT — D'abord que c'est d'même, m'as 'a soègner tut suite.

ROSANA — Vous allez-t-y y donner des r'mèdes ?

GEORGES-ALBERT, *froidement* — Non. Va falloèr que j'y fasse une opération.

ROSANA — Une opération ?

GEORGES-ALBERT — Faut que j'voye qué c'est qu'alle a dan'a tête.

ROSANA, *impressionnée* — Une opération dan'a tête ?

GEORGES-ALBERT — Quins ! T'nez-la comme ça. Moè, j'vas l'opérer.

ROSANA, *avec un peu d'appréhension* — Mais vous allez pas y faire mal, hein, Docteur ?

GEORGES-ALBERT — Pas d'danger. J'vas y mett' du chloroforme. A' sentira rien.

ROSANA — Aie pas peûr, Loulou. Ça f'ra pas mal.

Georges-Albert sort son mouchoir de sa poche et l'applique sous le nez de la poupée.

GEORGES-ALBERT — Vous voyez ? A' s'est endormie. À c't'heure, j'vas pouvoèr y faire l'opération.

Il tire alors son canif de sa poche et ouvre la lame.

ROSANA, *impressionnée* — Avec un couteau ?

GEORGES-ALBERT — Comme vous dites que c'est pas dans l'vente, ça doèt êt' là qu'alle a mal. Just' là, en arriér' d'l'oreille.

ROSANA, *inquiète* — Faites attention, hein, Docteur?

GEORGES-ALBERT — C'est yen qu'pour la soègner. Après ça, a' va êt' guérie.

Il commence à enfoncer la pointe du canif dans le crâne de la poupée. Réaction horrifiée de la fillette.

ROSANA — Non! Pique-z-y pas ton canif dan'a tête! Arrête, Georges-Albert!

GEORGES-ALBERT — C't une affaire de rien, Madame. Jus' une tite opération.

ROSANA, *essayant de l'arrêter* — Non! J'veux pas... Arrêtez, Docteur!... Tu vas y faire mal. Tu vas 'a briser... Fais-y pas un trou dan'a tête, Georges-Albert... Loulou! C'est ma catin, Docteur. C'est... ma Loulou... Non!... Non!...

GEORGES-ALBERT — Quins! C'est fini. A'est opérée. Alle aura pus mal pantoute. Jamais!

La poupée a tout un côté du crâne ouvert: un trou noir, béant. Rosana la prend dans ses bras, la serre contre elle, en pleurant.

ROSANA — Loulou!... Tu y as toute brisé 'a tête, Georges-Albert. T'as faite exprès, avec ton ganif... M'as l'dire à ma tante, m'as l'dire à pâpâ...

GEORGES-ALBERT, *froidement* — T'avais yen qu'à pas me d'mander d'jouer au docteur. T'avais yen qu'à m'laisser gosser mon sifflette tranquille, brâillarde!

Il tire son sifflet de sa poche, se tourne vers sa sœur et lui siffle au visage, comme il lui ferait un pied de nez. Puis il s'éloigne vers la porte de la grange, pendant que Rosana pleure en serrant sa poupée dans ses bras.

ROSANA — Georges-Albert, y est pas fin, Loulou... Y est méchant, méchant!... Y est méchant... Y est méchant...

Elle sort toute en larmes, étreignant sa poupée brisée.

TROISIÈME TABLEAU

Le chœur est encore formé de treize personnes: sept garçons et six filles. Seuls les deux interprètes de Rosana et Willy à la scène suivante n'en font pas partie.

7 HOMMES —
Pâssent les jours,
Pâss' les années,
V'là l'temps qui pâsse
Et qui s'en va!

6 FEMMES —
Le temps des fleurs,
Fleurs de printemps,
Fleurs d'un beau jour!
Le temps des fleurs
Dur' pas longtemps,
Dur' qu'un seul jour.

7 HOMMES —
Pâss' les années,
Pâssent les jours,
La vi' qui pâsse
Et qui r'vient pas!

L'action débute avec le groupe des six femmes, qui, se joignant les mains, forment une ronde et se mettent à danser sur une chanson québécoise.

6 FEMMES, *chantant* —
À la claire fontaine
M'en allant promener,
À la claire fontaine
M'en allant promener,
J'ai trouvé l'eau si belle
Que je m'y suis baignée.

Pendant ce temps, le groupe des hommes, attiré, s'est approché. Ils rôdent autour des femmes, les reluquant, les flairant presque. Celles-ci continuent à chanter.

6 FEMMES —
Ah! je l'attends, je l'attends, je l'attends
Celui que j'aime,
Que mon cœur aime.
Ah! je l'attends, je l'attends, je l'attends
Celui que j'aime,
Que j'aime tant.

Chaque homme s'est choisi une femme, qu'il saisit par la taille, et les six couples se mettent à «swigner», en reprenant le refrain de la chanson.

6 HOMMES ET 6 FEMMES, *chantant* —
Ah! je l'attends, je l'attends, je l'attends
Celui (celle) que j'aime,
Que mon cœur aime.
Ah! je l'attends, je l'attends, je l'attends
Celui (celle) que j'aime,
Que j'aime tant.

Tout le monde s'arrête. Le septième garçon resté à l'écart commence à lancer l'appel du vent.

1 HOMME, *imitant le souffle du vent* — Liiiiibre!... Liiiiibre!... Liiiiibre!...

Les six hommes prêtent l'oreille, comme fascinés. Finalement l'un d'eux se détache de sa partenaire et va rejoindre le vent. La jeune femme abandonnée sort du groupe des danseurs et commence peu à peu à représenter corporellement la femelle qui appelle un mâle, comme une bête, une louve, une orignale. Elle continuera ainsi son jeu jusqu'à la fin du tableau. Les cinq autres femmes se remettent à chanter!

5 FEMMES, *chantant* —
Sous les feuilles d'un chêne,
Je me suis fait sécher.
Sous les feuilles d'un chêne,
Je me suis fait sécher.
Sur la plus haute branche,
Le rossignol chantait.

Pendant ce couplet, garçons et filles ont reformé la ronde et dansent la chaîne des dames. Au refrain, chanté en chœur, les couples se remettent à «swigner» sur place.

5 HOMMES ET 5 FEMMES —
Ah! je l'attends, je l'attends, je l'attends
Celui (celle) que j'aime,
Que mon cœur aime.

Ah ! je l'attends, je l'attends, je l'attends
Celui (celle) que j'aime,
Que j'aime tant.

La danse s'arrête. Silence. Un temps. Les deux hommes qui sont en dehors du groupe recommencent à lancer l'appel du vent.

2 HOMMES, *dans un souffle prolongé* — Liiiiibre... ! Liiiiibre !... Liiiiibre !...

Saisis, les cinq garçons ont écouté. Deux d'entre eux s'arrachent du groupe et vont rejoindre les deux autres. Leurs partenaires abandonnées s'en vont retrouver celle qui incarne la femelle appelant son mâle et entrent dans son jeu. Les six danseurs qui restent reforment la ronde.

3 FEMMES —
Chante, rossignol, chante,
Toi, qui as le cœur gai.
Chante, rossignol, chante,
Toi, qui as le cœur gai...

Tout le monde s'arrête. Silence. Les quatre garçons groupés pour incarner le vent lancent leur appel.

4 HOMMES, *dans un souffle de plus en plus puissant* — Liiiiibre !... Liiiiibre !... Liiiiibre !...

Les trois hommes de la ronde ont écouté. Deux d'entre eux quittent la danse et vont grossir le groupe du vent. Leurs deux partenaires vont se joindre aux trois femelles. Il ne reste donc plus qu'un seul couple. La femme reprend la dernière partie du couplet sur un ton pathétique.

1 FEMME —

Tu as le cœur à rire,
Moi, je l'ai à pleurer.

Son partenaire l'enlace. Ils se mettent à tourner lentement.

1 HOMME ET 1 FEMME —

Ah! je l'attends, je l'attends, je l'attends...

Un temps d'hésitation. On entend le groupe du vent, formé maintenant de six garçons.

6 HOMMES — Liiiiibre!... Liiiiibre!... Liiiiibre!...

Ce même mot sera répété obstinément jusqu'à la fin du tableau, d'abord sur un rythme lent, puis progressivement accéléré, de manière à suggérer la mise en marche, le départ, puis la course d'une locomotive: un train qui file dans la nuit. Simultanément le couple a repris son tourbillon.

1 HOMME ET 1 FEMME —

Celui que j'aime,
Que mon cœur aime...

Nouveau temps d'arrêt. Le danseur prête l'oreille au train, que l'on peut percevoir maintenant bien distinctement.

6 HOMMES — Liiiiibre!... liiibre!... liiibre!... liiibre!... *etc.*

La fille cherche à entraîner son cavalier dans la danse.

1 FEMME —
Ah ! je l'attends, je l'attends, je l'attends
Celui que j'aime...

Bruit obsédant du train qui file à toute vapeur. Les six garçons, groupés de façon à suggérer une locomotive, un train en marche, passent au fond du plateau. Le danseur s'est figé. Il se détache de sa partenaire.

6 HOMMES — Liib ! libliblib !... Liib ! libliblib !... Liib ! libliblib !... *(Puis, comme le sifflet d'une locomotive déchirant la nuit :)* Liii...beeer... téee !...

Le danseur s'élance et s'accroche au train qui disparaît. Sa partenaire reste seule.

1 FEMME, *enchaînant douloureusement, avec une voix brisée* —
Que j'aime tant !

Elle se joint aux cinq autres femelles. Désespérément elles appellent le mâle.

SCÈNE III

Début de septembre. Un beau soir d'été finissant. Rosana a dix-huit ans. De bonne heure après souper, elle est sortie s'asseoir dans la balançoire, devant la maison.

ROSANA, *fredonnant joyeusement* —

La lalala la la
La lalala la la,
J'ai trouvé l'eau si belle
Que je m'y suis baignée.
Ah! je l'attends, je l'attends, je l'attends
Celui que j'aime,
Que mon cœur aime.
Ah! je l'attends, je l'attends, je l'attends
Celui que j'aime...

Apercevant Willy, qui s'avance au loin sur la route, elle s'arrête aussitôt de chanter, lisse ses cheveux, ajuste sa robe et s'efforce de prendre une contenance naturelle, tout en continuant à se balancer. Le gars la voit. Il s'approche et salue.

WILLY — Bonsoèr, Mam'selle.

ROSANA, *faussement surprise* — Oh!... Bonsoèr, Willy.

WILLY — Je r'viens d'la malle. Y avait queuqu' chose pour vous autes, ça fait que...

ROSANA, *allant vers lui* — Ça s'rait-y une lett' de mon frére Georges-Albert?

WILLY — Non, ça m'a d'l'air d'un annale d'la bonne sainte Anne. Quins...

ROSANA — Ah, ouais! C'est ça. *(Elle prend le feuillet.)* A c't'heure qu'y est rendu en ville, Georges-Albert, on a pus d'ses nouvelles ben, ben souvent.

WILLY — Ma'ame Bouchârd avait un paquet qu'a' voulait faire péser. C'tait une boète de suc' à'a creume pour el'tit Adalbert qui a rentré au Suminaire.

ROSANA — A' r'grette pas d'l'avoèr envoyé pensionnaire?

WILLY — Ah! a' s'ennuie, c'te femme-là, a' s'ennuie sans bon sens! Vous dire comment c'qu'alle a brâillé quand y est parti... C'est qués'ment pas creyabe!

ROSANA — Ça s' comprend. C'tait son tit darnier, son benjamin.

WILLY — C'est l'curé qui y a fourré ça dan'a tête... En t'es cas!... Ça fait qu'une foès dans l'bureau d'poste, je m'sus dit: «Tant qu'à y êt', j's'rais aussi ben de d'mander 'a malle sus Charles-Édouârd Guillemette.»

ROSANA — Vous êtes ben d'sarvice, Willy. Mon pére disait justement ça, l'aut' jour.

WILLY — Ben, j'savais qu'j'allais pâsser d'vant cheuz vous. C'tait pas ben d'bâdrement d'arrêter.

ROSANA — Mais ça fait une bonne marche, aller

d'même jusqu'au bureau d'poste, pis r'venir. Après une grosse journée d'ouvrage, vous d'vez êt' fatiqué?

WILLY — Ah! quand on est greyé d'une bonne paire de jambes, el'soèr, après souper, ça fait just' du bien, d'marcher.

ROSANA — Mais vous voulez pas vous r'poser une menute? V'nez don' vous assir un peu dan'a balancine.

WILLY — J'dirai pas non. El'temps d'fumer une tite pipe, si ça vous dérange pas.

ROSANA — Ben, pas d'saint danger! Envoyez. V'nez-vous-en.

Ils vont s'asseoir tous deux dans la balançoire.

ROSANA — C't une belle soèrée, hein?

WILLY — Ouais. On peut dire qu'on a un tannant d'beau mois d'septemb', c't'année.

ROSANA — Y fait encôre chaud comme en été.

WILLY — Y vont nous faire payer ça c't hiver, ch'pose.

ROSANA — Ah! parlez-moè pas d'l'hiver. Yen qu'à y penser, j'commence d'jà à m'ennuyer.

WILLY — Par icite, vous autes, y a pas tant d'misére à y avoèr. Mais faudrait qu'vous voèriez ça, quand on monte dans'es chanquiers. Les matins qu'on s'lève dans l'campe, pis qu'y faut câsser 'a glace su'a cheyére pour boère une tâssée d'eau...

ROSANA — Vous avez toujours pâssé vos hivers dan'es chantiers, vous?

WILLY — Depuis l'âge de quatorze ans, ouais, Mam'selle. Ça va faire betôt dix ans d'ça.

ROSANA — Mais... vous aimeriez pas mieux ça, rester icite, parmi l'monde, au lieu d'vous exiler d'même, dans l'fond des bois?

WILLY — Ben, qu'est-c' c'est qu'vous voulez que j'fasse? Dan'a maison cheuz nous, on était quinze enfants. Mon pére, c'est ben just' si y avait son fond d'culotte à lui. Fallait pas s'attend' qu'y soye capab' de nous établir. L'été, j'ai commencé à m'engager su'es farmes des autes, pis l'hiver, c'est l'chanquier.

ROSANA — C't une vie qui est dure.

WILLY — Je m'plains pas. Moè, j'aime ça, l'chang'ment. J'aime ça, voèr d'aut' monde. Ça fait que j'me baraude un peu. Un été d'un bord, un été d' l'aute, un hiver icite, un aute là...

ROSANA — Mais là ça fait deux années d'suite que vous r'venez travailler sus l'voèsin, Ugène Bouchârd?

WILLY — Ouais. C't une bonne place pour pâsser l'été. El'monde est pas fier. Y sont pas chiches su'a mangeâille. J'ai yen qu'à faire mon ouvrage, pis ch'us ben traité.

ROSANA — Mais... si y avait queuqu'un qui s'offrirait d'vous engager à l'année, ça vous tent'rait pas, d'rester par icite?

WILLY — Vous savez, Mam'selle, une foès qu'les récoltes sont finies, qu'y rest' pus yen que l'tit train à faire, y a pas grand monde qui est ben intéressé à payer pour garder un homme engagé. Nous autes, on est comme les ouèes: on arrive avec el'printemps, pis on r'part avec el'mois d'septembe. C't arrangé d'même.

ROSANA — J'm'arappelle, la premiére foès que j'vous ai vu, l'année pâssée, l'jour des noces à Ombéline, sus Ugène Bouchârd...

WILLY — Moè'si, j'm'arappelle. Ej'v'nais just' d'arriver là.

ROSANA, *rieuse* — Pis vous aviez d'l'air toute gêné.

WILLY — J'ai pas habitude d'êt' effarouché par el'monde, mais là, la maison était paqu'tée noère, pis pas un chat que j'connaissais!

ROSANA — Moè'tou, j'tais pas mal gênée... Ça s'était adonné qu'on avait dansé un lancier ensemb', pis je m'trompais tout l'temps. Vous v's arapp'lez?

WILLY — J'm'arappelle.

ROSANA — Pis après ça, à'a fin d'l'été, l'épluchette qu'y avait eu sus Philémon Boèsclair... On avait joué aux gages, pis y nous avaient faite manger tou'es deux sus l'même épi d'blé d'Inde. On avait-y ri!

WILLY — Ouais... Ça pâsse, hein?

ROSANA, *soupirant* — Ah! l'été, ça pâsse toujours trop vite. Mais quand on est rendus au mois d'octob', par 'zempe... Quand y a'a neige qui commence... Ah! l'hiver pâssé, j'ai trouvé ça assez long! J'peux pas croère que ça va r'commencer... Quand est-ce que vous d'vez partir de sus Bouchârd?

WILLY — À'a fin du mois, à'a fin d'septembe. C'comm' ça qu'on est arrangés.

ROSANA — Écoutez, Willy... Mon pére, ç'pas qui commence à êt' vieux, vieux, mais, même l'hiver, avec el'bois qu'y faut bûcher, pis 'es pagées d'clôtures à r'faire, pis 'es radoubs dan'es bâtiments, pis 'es animaux, pis 'es suc' el' printemps, pis toute... j'pense qu'y commence à trouver qu'ça fait pas mal, pour un homme qui est tut seul.

WILLY — C'est çartain que pour un qui prend d'l'âge, pis qui s'trouve tut seul d'homme sus une terre...

ROSANA — À c't'heure, vous comprenez, mon frére, Georges-Albert, est rendu en ville. Y s'est trouvé d'l'ouvrage par là, pis ç'a d'l'air qu'y aurait pus ben l'goût de r'venir rester à'a campagne.

WILLY — Ouais...

ROSANA — Moè, pis ma tante Du'cinâ, on bordasse dan'a maison, mais, pour la grosse ouvrage, on peut pas sarvir à grand-chose.

WILLY — Comme d'araison, des femmes, même à deux...

ROSANA — J'sais pas, mais, si y avait un homme qui s'sentirait prêt à v'nir rester icite à l'année, pis à prend' l'ouvrage qu'y aurait à faire, aussi ben l'été comme l'hiver... j'pense que, si y en parlait avec mon pére, ça s'rait pas trop malaisé qu'ça pourrait s'arranger.

WILLY — Ouais...

ROSANA — Même, pour dire franch'ment c'qu'y en est, ça nous est d'jà arrivé d'en jaser tou'es deux.

WILLY — Vous pis vot' pére?

ROSANA — Ouais. Pis j'peux vous dire qu'y s'rait t'ed ben pas opposé à prend' queuqu'un qui viendrait travailler d'même, comme homme engagé. En premier, ça, dans l'commenc'ment. Mais... après, un peu plus târd, si...

Un temps.

WILLY — Ça s'rait pour... qués'ment tut suite, ça?
ROSANA — Ben... oui, tut suite. À'a fin du mois, si vous voulez. Une foès qu'vous vous seriez arrangé avec lui.
WILLY, *songeur* — Ouais...

Un temps assez long. On entend le sifflet lointain d'une locomotive, que l'écho diffuse dans le soir.

WILLY, *reprenant* — Quins!... L'train des Étâts, qui pâsse à'a jonction!
ROSANA — El'temps est écho, hein?
WILLY — Ouais. Pour moè, l'vent a r'viré, pis on va avoèr d'la pluie. Quand on entend crier 'es chârs de même, y finit toujours par mouiller.
ROSANA — C'est vrai, ça. Quand l'temps est écho, d'même...
WILLY — En t'es cas, on peut dire qu'on a eu eune belle été.
ROSANA — Ouais, une ben belle été.
WILLY — Ouais...

Un temps.

ROSANA — Pis, Willy? Pour c'que c'est que j'viens d'vous dire...?
WILLY — Ben... *(On entend encore siffler le train au loin.)* J'sais ben que l'gars, d'même,

qui irait travailler cheuz vous, avec vot' pére, y s'rait pas mal pantoute.

ROSANA — Ça s'rait même, comm' qu'y dirait, une place d'av'nir.

WILLY — J'sais ben ça, mais... moè... je m'demande si ch'us faite pour travailler dan'une place de même.

ROSANA — Qu'est-c' c'est qu'vous voulez dire don', Willy?

Nouveau sifflet du train.

WILLY — Ben, moè, ch'us habitué à rouler ma bosse d'un bord pis d'l'aute. Quins! j'vous mens pas, Mam'selle Rosanâ, chaque foès qu'j'entends l'criârd d'un train qui pâsse, el'soèr de même, j'sens les s'melles de mes bottines qui m'démangent en d'ssours des pieds, pis y a comme un envie qui m'pogne de faire mon paqu'ton, pis d'sacrer mon camp à'a station pour grimper sus l'premier châr de freight que j'vas voèr pâsser.

ROSANA — Mais vous pensez pas qu'vous allez avoèr el'goût d'vous arrêter une bonne foès, d'vous établir queuqu' pârt, dan'une maison... d'avoèr... une femme...?

WILLY — Ben... Qu'est-c' c'est qu'vous voulez? Ç'pas d'ma faute, c'est plus fort que moè, Mam'selle Rosanâ. Savoèr que j'vas pâsser toute une année à'a même place, ch'us pas capabe!

ROSANA — C'pour ça qu'l'hiver, vous partez dan'es chantiers?

WILLY — Ouais. Dan'es chanquiers ou ben

d'aut' choses... Vous voyez, c't'année, là, ch'us décidé, m'as aller travailler aux Étâts.

ROSANA, *alarmée* — Aux Étâts?

WILLY — J'connais un gars qui charche du monde pour aller bûcher dans l'Maine. Là-bas les gages sont ben meilleures que par icite. Pis... y a pas yen que l'bois. Y a 'es fact'ries, qui ont toujours d'l'ouvrage en masse.

ROSANA, *bouleversée* — Mais Willy, si vous partez pour les Étâts, vous r'viendrez pus?

WILLY — J'dis pas ça.

ROSANA — Ah!... vous r'viendrez pus! Vous voudrez pus r'venir travailler par icite.

WILLY — Ben... c'pas parc' que...

ROSANA — Si vous partez aux Étâts, vous allez faire comme les autes, vous allez vouloèr rester par là-bas. *(Elle pleure.)*

WILLY — Voyons, Mam'selle Rosanâ, prenez pas ça d'même!

ROSANA, *pleurant à chaudes larmes* — Ah, Willy!... Pourquoè c'que vous aimez pas ça, rester sus une terre? Pourquoè c'que vous voulez pas que...?

WILLY — Eh! pleurez pas, pleurez pas... Quins! prenez mon mouchoèr. Y est net, y a pas sarvi.

Il lui tend un grand mouchoir rouge plié en quatre. Rosana se tamponne les yeux et se mouche bruyamment.

ROSANA — Comm' ça, c't à'a fin du mois qu'vous allez partir?

WILLY — Ouais, à'a fin d'septembe.

ROSANA — Mon Dieu, qu'ça va v'nir vite!... Quins, vot' mouchoèr.

WILLY — Ben non, gardez-lé don'! Gardez-lé. C'pas grand-chose, mais ça f'ra comme un souv'nir.

ROSANA — Marci, Willy...

WILLY — Bon! ben... y commence à faire brun. Va falloèr que j'parte.

Ils se lèvent, descendent de la balançoire et vont vers le chemin.

ROSANA — Ch'pose que j'vas vous r'voèr encôre, mais y a une chose que j'voudrais vous d'mander. Quant' vous s'rez là-bas, si vous avez pas complèt'ment oublié l'monde de par icite, j'aim'rais ben ça, avoèr de vos nouvelles. Pas long, yen qu'une tite lette. Ça m'f'rait tell'ment plaisir.

WILLY — J'vas vous écrire, Mam'selle, vous pouvez êt' çartaine.

ROSANA — Marci, Willy.

WILLY — Bon! ben... bonsoèr.

ROSANA — Bonsoèr.

Willy s'éloigne, reprenant la route. Rosana presse le mouchoir rouge sur sa bouche. On entend encore une fois le sifflet lugubre du train que l'écho répercute dans la nuit tombante.

QUATRIÈME TABLEAU

Le chœur est toujours formé par sept hommes et six femmes. N'en font pas partie les deux acteurs qui doivent jouer Rosana et Charles-Édouard Guillemette à la scène suivante.

7 HOMMES —
Pâssent les jours,
Pâss' les années,
V'là l'temps qui pâsse
Et qui s'en va !

6 FEMMES —
Les fleurs se fanent,
O ma jeunesse !
O mes amours !
Les fleurs se fanent,
Y'a des promesses,
Y'a point d'retour !

7 HOMMES
Pâss' les années,
Pâssent les jours,
La vi' qui pâsse
Et qui r'vient pas !

Ce tableau est conçu comme une sorte de rituel, de cérémonial. À la fin du poème-transition, l'une des filles se détache du groupe et vient lentement s'asseoir sur un cube tourné vers l'assistance. C'est la Promise vouée aux divinités du mariage. Elle doit avoir de longs cheveux flottant sur le dos. Dans sa main gauche, elle tient la poupée de la scène II, dans la droite le mouchoir rouge de la scène III. Tout en venant s'installer à sa place, elle fredonne, seulement l'air, pas les mots, des deux premiers vers de la chanson L'hirondelle, messagère des Amours.

1 FEMME, *chantant* — La-la la-la-la a-a-a...

Pendant ce temps, les cinq autres filles se forment en cortège et s'avancent lentement vers celle qui est assise. Elles reprennent, elles aussi, l'air de la chanson, qu'on continuera à psalmodier sur un rythme très lent, jusqu'à la fin du tableau, comme une sorte d'antienne liturgique. Les femmes sont venues se placer en demicercle derrière la Promise.
D'abord celle du centre lui natte les cheveux en une tresse unique, que ses deux voisines l'aident à relever en chignon.
Puis celle qui se trouve juste à gauche de la jeune fille lui prend lentement sa poupée et la fait passer à sa voisine de gauche.
Ensuite celle qui se trouve de l'autre côté, juste à droite, tend la main pour prendre le mouchoir rouge. La Promise ne le cède pas sans résistance, sans regret: c'est un arrachement. Le mouchoir passe de main en main jusqu'à celle de l'extrême droite.
Finalement les femmes du cortège font lever la

jeune fille, la conduisent solennellement jusqu'à un praticable et l'y font étendre sur le dos.
À peu près à ce moment, les voix du chœur des hommes viennent se joindre à celles des femmes pour psalmodier l'antienne.
Six des hommes portent le septième à bout de bras, au-dessus de leurs têtes. Ce dernier se trouve étendu horizontalement, droit et raide comme une statue, le dos vers le ciel et la face vers la terre: c'est le Promis. Le cortège des hommes s'avance jusqu'au groupe des femmes. Celles-ci préparent la Promise, lui écartent les jambes. Les hommes font descendre lentement le corps du Promis au-dessus de la Promise étendue, et tout le groupe va mimer religieusement une sorte de cérémonial symbolique de la fécondation.
Le Promis et la Promise ne sont que de grandes marionnettes, des poupées rituelles, entre les mains des autres qui les font mouvoir.

SCÈNE IV

C'est le mois de novembre, la fin de l'après-midi. Il fait sombre. Une pluie froide d'automne, qui tape contre les vitres et empêche le monde de sortir. Rosana a vingt-cinq ans. Elle est assise dans la cuisine, en train de tresser des guenilles pour faire un tapis. Son père, Charles-Édouard Guillemette, environ cinquante-cinq ans, se berce à côté du poêle en fumant sa pipe.

ROSANA, *chantant* —
Ah ! toè, belle hirondelle, qui vole ici,
As-tu vu dans ces îles mon Alexis ?
Va-t'en lui parler à l'oreille de mes amours,
Je lui serai tendre et fidèle jusqu'au retour.
La-la, la-la-la a-a-a... la-la-a-a...

CHARLES-ÉDOUARD — Ouais ! Ben, on manqu'ra pas d'eau dans l'puits c't hiver !

ROSANA — J'crés ben ! Ça fait deux s'maines qu'y mouille.

CHARLES-ÉDOUARD, *avec une conviction profonde* — Ça, l'automne de même, ça, c't une pluie qui fait du bien à'a terre !

ROSANA — Mais, mon Dieu, qu'c'est don' ennuyant !

Les deux personnages semblent poursuivre chacun leurs jongleries, presque sans se répondre.

CHARLES-ÉDOUARD — El'mois d'novembe, c'est toujours pareil.

ROSANA — Y est pas quatre heures, pis y commence d'jà à faire noèr.

CHARLES-ÉDOUARD — C'pour ça qu'c'est l'mois des Morts.

ROSANA — Faudrait ben allumer 'a lampe, son pére. J'voès qués'ment pus mon ouvrage.

CHARLES-ÉDOUARD — Ah ! ça presse pas encôre, Rosanâ. On est ben d'même, ent' chien et loup. Ça r'pose la vue.

ROSANA — Une chance que j'ai 'es mains qui vont tut seules su'a guénille. J'pourrais en tresser d'même, dan'a noèrceur, à longueur de nuite, pis j'me tromp'rais même pas. *(Reprenant l'air de sa chanson du début.)*
La-la, la-la-la a-a-a...

CHARLES-ÉDOUARD — Cou' don', Rosanâ...?

ROSANA — Qu'est-c' qu'y a ?

CHARLES-ÉDOUARD — Qu'est-c' tu jongues, quant' tu chantes de même ?

ROSANA — J'jongue pas.

CHARLES-ÉDOUARD — C'est-y qu'tu r'penses à tes vieux cavaliers ?

ROSANA — J'pense à rien. J'chante, c'est toute.

Un temps.

CHARLES-ÉDOUARD — J'ai rencontré Télesphore Tremblay betôt.

ROSANA — Où ça? Au village?
CHARLES-ÉDOUARD — Ouais. Lui'tou, y s'adonnait à avoèr affaire au magasin général.

Un temps. Rosana ne répond rien.

CHARLES-ÉDOUARD — Ça, c't un garçon qui est sérieux, pis bon travaillant!
ROSANA — C'est vrai qu'l'ouvrage y fait pas peûr.
CHARLES-ÉDOUARD — Y m'a justement parlé d'toè.
ROSANA, *sans réel intérêt* — Ah, ouais?
CHARLES-ÉDOUARD — Ouais... *(Un temps.)* Pis, Rosanâ...?
ROSANA — Quoè?
CHARLES-ÉDOUARD — As-tu fini par décider queuqu' chose?
ROSANA — À propos d'Télesphore Tremblay?
CHARLES-ÉDOUARD — Ouais.
ROSANA — Ben... j'sais ben que c't un bon garçon, mais, j'vous l'ai d'jà dit, son pére, pour c'qui est d'avoèr du sentiment pour lui...
CHARLES-ÉDOUARD, *sourdement* — C't encôre l'aute qui t'trotte dan'a tête, hein?
ROSANA — Comment, l'aute? Pourquoè c'que vous dites ça?
CHARLES-ÉDOUARD — Voyons, Rosanâ! asseye don' pas d'fafiner. Dis-lé don': c't à lui qu'tu penses, toujours à lui, ton Willy. Mais ça fait sept ans qu'y est parti, ton Willy, pauv' tite fille! Sept ans qu'tu'nn as pas eu une gueûse de nouvelle! Y t'a jamais envoyé une lett', mêm' pas une carte des Étâts, avec sa signature des-

sus. Parsonne 'nn a pus jamais rentendu parler. Y est t'ed ben marié, t'ed ben mort, à l'heure qu'y est. Pis toè, t'es là, pis t'attends.

ROSANA — J'l'attends pas... J'l'attends pus.

CHARLES-ÉDOUARD — Tu l'attends pas, mais ça fait sept ans qu'les garçons viennent te voèr... Y en a même là-d'dans qui ont faite leû d'mande, pis viens pas dire que c'taient pas des bons partis! Mais, toè, y'nn a jamais eu un qu't'as pu trouver d'ton goût.

ROSANA — J'tais pas pressée de m'marier.

CHARLES-ÉDOUARD — Pas pressée de t'marier! Ça marche une escousse, ça. Mais t'es rendue à c't'heure que t'as vingt-cinq ans, Rosanâ. T'as toujours ben pas envie d'rester vieille fille?

La cuisine est presque entièrement plongée dans la pénombre.

ROSANA — Je l'sais ben, qu'j'ai vingt-cinq ans. J'ai pus besoin d'avoèr peûr de v'nir vieille fille: je l'sus, vieille fille. Betôt ça va êt' ma fête, la Saint'-Cath'rine, pis j'vas m'faire d'la tire pour étirer l'temps. Pensez-vous qu'je l'sais pas?... Willy, c'est vrai que j'l'ai attendu. Mon Dieu! que j'l'ai don' attendu! Chaqu' foès qu'on r'cevait 'a malle, j'pensais que l'cœur allait m'sortir du corps. Pis, l'printemps d'après qu'y est parti, j'ai-t-y soupiré, en souhaitant qu'y soye pour er'venir s'engager sus Ugène Bouchârd! Pis encôre pareil les années d'après... Willy, comment c'que j'voudrais vous l'cacher, c'est vrai qu'je l'ai eu dans l'cœur longtemps. Ben longtemps! Mais à c't'heure... à c't'heure, je l'sais pus.

CHARLES-ÉDOUARD — Ben, à c't'heure, pense-z-y pus!

ROSANA — Ah! j'voudrais don' qu'ça soye facile de même! J'aurais don' voulu êt' capab' de pus y penser! Y a des jours, là, y a des soèrs, j'sais pas c'que j'aurais donné pour pas l'avoèr connu, pour l'avoèr jamais rencontré, lui!... J'asseyais d'me l'sortir d'la tête, j'asseyais d'me l'arracher du cœur, mais y r'venait tout l'temps. C'tait l'cri des chârs, le soèr, quand y a l'train des États qui pâsse. C'tait l'branl'ment d'la balancine, quand j'sortais m'assoèr tut seule, après souper. J'tais dan'une veillée, tout l'monde s'mettait en place pour un quadrille, la musique partait, pis là, tout d'un coup, j'sentais l'cœur qui me r'tournait par en d'dans, j'v'nais avec une grosse boule dan'a gorge, pi'es yeux qui m'roulaient dans l'eau. Y a d'aut' foès... Ah! quins...! Vous arapp'lez-vous, quant' j'avais commencé à coud' pour préparer mon coff' d'espérance?

CHARLES-ÉDOUARD — Beau dommage, que j'm'arappelle! T'avais toujours un morceau d'linge dan'es mains, pi'une aiguille au boute des doègts.

ROSANA — Comme d'araison, c't à lui, c't à Willy que j'pensais, en l'faisant, c'trousseau-là. Ben, vous savez, la grand' couvarte avec des cœurs, celle que vous disiez qui était si belle, là...?

CHARLES-ÉDOUARD — Ouais, ouais. J'm'arappelle.

ROSANA — Bon, ben, j'avais travaillé tout un hiver à ça. C'tait toute faite en pieds-d'-crucifix, avec des tits morceaux grands d'même: d'là vraie ouvrage de sœur! Quand el'printemps est arrivé, pis l'été, encôre une foès y a ben fallu que j'm'en rende compte, qu'y était pas r'venu, Willy, pis qu'y avait pas d'l'air de vouloèr er'venir non plus. Ça fait qu'là, y avait un grand mouchoèr de coton rouge qu'y m'avait donné avant d'partir, pis, moè, tou'es soèrs, je l'mettais en d'ssours de mon oreiller, avant d'm'endormir. Y en a qui disaient que, comme ça, quand on a un amoureux, on peut avoèr des chances de l'voèr en rêve. Toujours qu'un matin, en faisant mon lite, j'prends l'mouchoèr, pis, là, c'comme une rage qui m'pogne, je l'déchire en deux, pi' en quat', pis je l'jette par terre, sus l'plancher, pis j'saute dessus, comme si j'avais voulu éteind' el'feu avec mes pieds. Pis après, j'me mets à brâiller, pi' à brâiller. Là, j'ai ramâssé 'es morceaux, pis c't avec ça, qu'j'ai faite les deux cœurs attachés avec des courants d'épines, pis j'les ai cousus sus l'milieu d'la couvarte, avec des tites larmes rouges tout alentour. Rouges comme el'feu. Rouges comme du sang...
A'est encôre là, dans l'coff' en haut, la couvarte. Des foès, c'coff'-là, y m'fait penser à une tombe. Pis y m'semb' que, l'linge qu'y a d'dans, toute c'linge-là qu'j'ai cousu, ça s'rait ben just' bon pour ensev'lir des morts.

CHARLES-ÉDOUARD — Voyons, Rosanâ!... Parle pas d'même.

ROSANA — Les garçons qui sont v'nus m'voèr après, tous ceux qui v'naient icite, j'sais ben que c'taient des bons garçons, pis qu'y avait des bons partis là-d'dans. Mais c'est-y d'ma faute, si j'trouvais qu'y avaient toutes l'air noèrs comme el'poêle, laites comme el'yâbe, pis ennuyants comme el'carême, à côté d'Willy?... Willy, j'l'aimais, lui! Après, ben... après j'ai eu pour mon dire que, si on'nn a pas envie, c't'ed ben aussi ben qu'on s'marye pas.

CHARLES-ÉDOUARD, *doucement* — Voyons, Rosanâ!... Qu'est-c' tu veux...? Faut toujours finir par s'faire une raison. *(Un temps assez long. Rosana ne dit rien.)* Quant' ton frére, Georges-Albert, est parti en ville, pis qu'y a désarté 'a terre, penses-tu qu'j'ai pas attendu, moè'tou? Penses-tu qu'j'ai pas trouvé ça dur, d'avoèr eu yen qu'un garçon, pis qu'y s'en aille de même, just' quand y aurait commencé à êt' bon pour êt' capab' de m'aider, pis que j'soye ôbligé d'fair' venir des étrangers, pis d'les payer, si j'voulais avoèr queuqu'un pour travailler avec moè?... Moè'tou, j'me sus faite une raison. Faut toujours s'faire une raison.

ROSANA — Mais, à c't'heure que c'est d'même, son pére, vous pensez pas qu'on pourrait t'ed ben rester comme ça, rester comme on est... là?

CHARLES-ÉDOUARD — A c't'heure, ej'vieillis, Rosanâ, pis, toè, t'es-t-en train d'monter en graine. Télesphore Tremblay, c't un bon garçon.

ROSANA — Ça, j'dis pas non.

CHARLES-ÉDOUARD — Y est t'ed ben pas beau comme... comme y en a, mais c't un bon garçon. Y est pas riche, mais y est vaillant, pis y r'gârde pas à l'ouvrage.

ROSANA — J'sais ben.

CHARLES-ÉDOUARD — Moè, j'pense que ça t'f'rait un bon mari, Rosanâ. Tu trouves pas que, c'te maison-cite, à c't'heure que tes pauv' tantes sont pus là, pis qu'on rest' tut seuls, tou'es deux, c'est ben grand?

ROSANA — Comme d'araison. Toute c'que vous dites là, j'sais ben qu'c'est vrai.

CHARLES-ÉDOUARD — Télesphore Tremblay, c't un bon garçon, pis j'pense pas qu't'aurais à t'plaind' de lui. Moè, j'trouv'rais ça ben beau si y r'commençait à y avoèr un peu d'jeunesse dans toute c'te grande maison-là, pis du monde icite, dan'a cuisine, autour d'la tab', pis des tits-enfants qui nous courâillent un peu ent' les jambes...

ROSANA — Ch'pose que c'est vous qui d'vez avoèr raison, son pére... *(Un soupir.)* La prochaine foès qu'vous allez l'rencontrer, Télesphore Tremblay, ben... dites-y don' de v'nir faire un tour un bon dimanche après-midi.

CHARLES-ÉDOUARD — C'est bon, Rosanâ. J'vas y dire. Pis tu peux êt' çartaine qu'y va êt' rendu icite tut suite dimanche prochain, ça prendra pas goût d'tinette!

ROSANA — Savez-vous qu'y fait assez noèr, là, on voèt pus rien?

CHARLES-ÉDOUARD — Ben qu'trop vrai! On jase, on jase, pis c'comme ça qu'la vie pâsse... À c't'heure, y s'rait ben temps qu'j'allume la lampe.

Il se lève pour aller chercher la lampe. On entend encore une fois, dans la demi-obscurité, la voix de Rosana, qui reprend mélancoliquement l'air du début de la scène.

ROSANA, *chantant* — La-la, la-la-la a-a-a... la-la-a-a...

CINQUIÈME TABLEAU

Ce tableau est très court. Le plateau reste vide. Il s'agit de créer un espace sonore: l'immensité d'un jour d'hiver, avec le vent qui court sur la campagne déserte et la neige qui poudre dans le soleil. La respiration du chœur devient un vent large et puissant, qui souffle en rafales... Puis la voix des hommes émerge.

7 HOMMES —
Pâssent les jours,
Pâss' les années,
V'là l'temps qui pâsse
Et qui s'en va!

Une bourrasque de vent.

6 FEMMES —
Ch'us comm' la terre,
Mes fruits sont lourds,
Mes fruits sont mûrs.
Déjà l'hiver!
L'été, qu'c'est court,
Pi'es froèds sont durs!

Encore une rafale de vent.

7 HOMMES —
Pâss' les années,

Pâssent les jours,
La vi' qui pâsse
Et qui r'vient pas !

Un dernier souffle de vent, qui se perd sur la plaine.

SCÈNE V

Un matin d'hiver. Un beau matin d'hiver froid et ensoleillé. Rosana a trente-cinq ans. Elle se tient debout dans la porte, lançant ses dernières recommandations aux trois petits, qui partent pour l'école. Son mari, Télesphore Tremblay, est assis dans la berceuse, une jambe tendue sur une chaise: sa cheville est enveloppée d'un grossier bandage.

ROSANA, *aux enfants* — Françoès, attache ben ton collet, mon tit homme... Fais attention à ta sœur, Victorien. R'mont'-z-y sa crémone en d'ssours du nez... Pis donn'-z-y 'a main.

Elle les regarde s'éloigner dans la neige un moment, puis elle s'empresse de refermer la porte.

ROSANA, *reprenant, à son mari* — J'te dis qu'ça a pas d'l'air chaud à matin, Télesphore !

TÉLESPHORE — Yen qu'à voèr el'soleil su'a neige, on voèt ben. Quand el'ciel est clair de même, on dirait que c't un bleu qui coupe comme el'taillant d'un ciseau.

ROSANA — Ouais. C'est des belles journées, mais y fait toujours ben fret.

TÉLESPHORE, *se levant et essayant prudemment de marcher* — J'me d'mande, Rosanâ, si j's'rais pas capab' de marcher jusqu'à l'hangâr, pour aller aider à ton pére.

ROSANA — Voyons! quins-toè don' tranquille.

TÉLESPHORE — T'ed ben qu'si j'prenais une canne, un bon rondin, là, pour m'appuyer d'ssus...

ROSANA — Ben, Télesphore! Ça sert à rien d't'avoèr entouré 'a ch'uille du pied dans une couenne de lârd, si t'es pour marcher d'ssus, pis t'la r'fouler encôre.

TÉLESPHORE — Hé, batince!... J'avais-t-y besoin de m'donner c'te déteurse-là, moè?

ROSANA — Envoye! assis-toè, pis rest' tranquille. Quand ben même que tu te r'pos'rais un peu pendant une coupe de jours, ça t'f'ra pas d'tort.

TÉLESPHORE, *bougonnant* — Y avait 'es menoères d'la grosse wâguine que j'voulais arranger, là, pis...

ROSANA — C'est justement ça qu'son pére est en train d'faire. Bâdre-toè don' pas 'a tête avec ça. Reste assis, barce-toè, pis fume ta pipe.

TÉLESPHORE — J'aime pas ça, m'sentir comme un espèc' de flanc-mou d'même.

ROSANA — Qu'est-c' tu veux qu'on y fasse? T'es toujours ben pas pour t'arracher 'a face? La prochaine foès qu'tu r'tourn'ras dans l'échelle du fanil, tu f'ras plus attention, hein?

TÉLESPHORE — Non, mais faut-y pas êt' gauche, en batince!

ROSANA — Arrêt'-toè don' d'bougonner, là, pis

dis-toè qu't'as été encôre ben chanceux d'pas t'assommer.

TÉLESPHORE — Ouais.

Un temps.

ROSANA — T'sais, après 'a messe, dimanche, pendant qu't'étais en train d'jâser avec les hommes, j'ai parlé un tit peu avec la maîtresse d'école.

TÉLESPHORE — Ah, ouais? Qu'est-c' qu'a' t'a chanté d'bon?

ROSANA — A' m'a parlé des enfants, comme d'araison. A'a dit qu'Victorien, a' trouve qu'y a ben du talent.

TÉLESPHORE, *fièrement* — C'est vrai qu'y m'a l'air d'avoèr pas mal de jarnigouenne, pour un tit gars d'son âge.

ROSANA — Y a yen qu'neuf ans, pis, la maîtresse, a' dit qu'y s'rait capab' d'en r'montrer à ben d'autes qui sont deux foès plus grands qu'lui.

TÉLESPHORE — Si y est fûté d'même, faut croère qu'y tient ça d'sa mére, el'tit bigre!

ROSANA — Ben, voyons don', Télesphore, y te r'ssemb' assez! C'est d'jà ton vrai portrait toute craché.

TÉLESPHORE — Pour c'qu'est d'la figure, t'ed ben, mais, pour la comprenure, par'zempe...

ROSANA — En tou'es cas, j'tais pas mal fière. Pis a'a dit aussi, la maîtresse, que, Marie-Rose, ben, c't'année, là, a' commence à s'débourrer. Pis Françoès, lui, ben, y est tout p'tit, comme d'araison, mais a' dit qu'y comprend, c't enfant-là, c't effrayant comme y comprend vite.

TÉLESPHORE — Ouais! C'est ben tant mieux d'même. Au jour d'aujourd'hui, quéqu'un qui veut faire son ch'min dan'a vie, y a besoin d'pas êt' manchote.

ROSANA — C'est ben ça qu'j'ai pour mon dire, moè'tou.

TÉLESPHORE — Ça pâsse pareil, hein, Rosanâ? Victorien qui s'en va sus ses dix ans!...

ROSANA — Ouais.

TÉLESPHORE — J'le r'gârdais l'aut' jour qu'y était avec moè pour scier du bois. Un vrai p'tit homme! Pis j'me disais: «Ça s'ra pas ben long. Encôre quéqu'z années, y va avoèr fini 'école, pis y va êt' bon pour travailler su'a terre avec moè».

ROSANA — Ben, la tite école icite, sus l'train qu'y est parti là, c't entendu qu'y racheuve. C'est justement ça qu'a' m'disait, la maîtresse, l'aut' matin.

TÉLESPHORE — Ben, tant mieux! Ça y f'ra moins longtemps à user ses fonds d'culottes. Moè, quante j'marchais au cat'chisse, à Saint-Ezyâr, on'nn avait un dan'a clâsse, Léontius Fortin... Y est journalier à c't'heure, pis y travaille su'a construction... Ben, mon Léontius, y était rendu à quinze ans, pis y avait pas encôre été capab' de faire sa commugnion. Chaque année, l'curé disait...

Rosana ne l'a pas écouté.

ROSANA, *l'interrompant* — Télesphore, j'pense à

ça, des foès... Victorien, je m'demande si on devrait pas essayer d'l'envoyer au collége.

TÉLESPHORE — Au collége?

ROSANA — Au collége... ou ben au Seuminaire, j'sais pas... Mam'selle Moreau, la maîtresse, a' dit que c't un vrai talent, pis ça s'rait ben d'valeur si y avait pas 'a chance de pouvoèr continuer à étudier.

TÉLESPHORE — Au Suminaire, Rosanâ, tu y penses pas?

ROSANA — Ben, quoè?

TÉLESPHORE — Pis, une foès embarqué là-d'dans, c'pas un an pis deux ans, c'est des annaire? Ça coûte cher, en batince, ça!

ROSANA — J'sais ben.

TÉLESPHORE — Pis, une foès embarqué la-d'dans, c'pas un an pis deux ans, c'est des années, qu'ça dure, des études de même. Au moins une dizaine d'années!

ROSANA — Faudrait faire des sacrifices, c'est ben sûr.

TÉLESPHORE — Comment c'est qu'on f'rait des sacrifices? Ça fait des années qu'on est dan'a crise, tout l'monde el'dit. En ville, y a pas d'ouvrage, c'est plein d'chômeurs, pis ça creuve de faim. Icite on s'arrache parc' qu'on est sus une terre. Une terre de roches, où c'qu'on ramâsse des cailloux ben plus souvent qu'd'aut' chose des foès, mais on est toujours capab' de s'nourrir, pis d'manger plein not' vente. Pour c'qui est d'l'argent, par 'zempe, d'l'argent roulant, ça, c't un aut' paire de manches!... J'pourrais-t-y arriver dan'a cour du

Suminaire, moè, avec des poches de pétaques, pis une chârr'tée d'foin, pis dire: «V'là mon garçon! Sa mére voudrait qu'y étudise icite. Ça fait que, j'sais pas, moè... Payez-vous avec ça!»

ROSANA — Voyons, Télesphore! monte-toè pas.

TÉLESPHORE — Ch'us pas monté. Mais faire des études, des grosses études de même, ça prend d'l'argent, d'la grosse argent justement. Parle-z-en à ton pére, tu vas voèr qu'est-c' c'est qu'y va dire de ça.

ROSANA — J'y en ai parlé. J'ai d'jà commencé à y en parler.

TÉLESPHORE — Pis?

ROSANA — Y a pas dit qu'ça avait pas d'bon sens. Y a rien dit. Y jongue là-d'ssus.

TÉLESPHORE — Ah, bon! y jongue là-d'ssus? Ben, c'est ça! arrangez-vous don' ensemb', ton pére pis toé. D'abord j'compte pas là-d'dans, moè. Après toute, batince! ch'us yen qu'son pére, à Victorien, moè!

ROSANA — Voyons, Télesphore! Va don' pas charcher des affaires de même.

TÉLESPHORE — Ah! j'sais ben qu'j'ai jamais pésé ben gros dans c'te maison-cite, moè. Pour ton pére, ch'us l'mari d'sa fille. Pour toè, ch'us l'gend' de ton pére. Pis pour tou'es deux, j'me trouve une maniére d'homme engagé qu'y a pas besoin d'payer.

ROSANA — Télesphore! comment c'est qu'tu peux dire des affaires comme ça?

TÉLESPHORE — Penses-tu qu'je l'sais pas, Rosanâ Guillemette?... Penses-tu qu'je l'sens pas?... Tu m'as marié, c'correct. Ch'us rentré ici-d'dans, tu m'as faite à manger, t'as pris ben soin d'moè, pis d'mon butin. T'as toujours faite toute ton devoèr, ça, j'ai rien à dire contre toè. Même un ange, y pourrait pas rien trouver à te r'procher! Mais... dans l'fond du cœur, par 'zempe, dans l'fond d'ton sentiment, là...

ROSANA, *troublée* — Voyons don', Télesphore!...

TÉLESPHORE — Y a des affaires, t'sais, ça s'dit pas, ça s'esplique pas... mais un homme les sent... Tou'es jours! Ça commence el' premier jour, pis ça continue... Tou'es jours!... Pis, après ça, plus târd... Quins! une foès qu'les enfants ont commencé à arriver, ben, là, t'es v'nue tell'ment leû' mére, yen qu'leû' mére, que, moè, j'me d'mandais c'que j'faisais là. J'sentais qu'j'avais pas pluss ma place d'êt' là que l'bœû', une foès que tou'es vaches sont pleines ou ben qu'a' viennent just' de vêler.

ROSANA, *bouleversée* — Télesphore, c't effrayant, c'que t'es-t-en train de m'dire là.

TÉLESPHORE, *qui ne l'a pas écoutée* — Ça fait rien. J'ai pris mon trou, pis j'garde ma place. Mais, les enfants, j'sais ben qu'moè'tou, c'est mes enfants. Victorien, c'est mon garçon. Y l'sent, lui, que ch'us son pére. Pis quand on est ensemb', y est content. Moè'tou, j'sens ça. Je l'voès grandir, pis j'sais qu'y est d'ma lignée. C't un Tremblay comme moè. Victorien Tremblay! Un habitant, comme moè. À c't'heure que ch'us su'a terre icite, pis que c't icite qu'y est v'nu au monde, lui, j'veux qu'y reste icite avec nus autes, à ras moè. J'ai pas envie de l'pard', batince! de l'sacrifier pour qu'y s'en alle au Suminaire, au collége ou ben ailleurs.

ROSANA — Mais l'instruction, Télesphore, c't important! Tu viens de l'dire, toè'tou, betôt: « Au jour d'aujourd'hui... »

TÉLESPHORE, *la coupant* — C'pas ça qu'j'ai dit, Rosanâ. J'ai dit qu'si on voulait êt' capab' d'arriver dan'a vie, fallait avoèr une tête su'es épaules, pis d'la jugeote dedans. Ça, c'est vrai. Mais j'ai jamais parlé d'aller au collége, pis d'pâsser sa vie dan'es lives.

ROSANA, *commençant à se monter* — Ben, mes enfants, moè, Télesphore Tremblay, j'ai pluss d'ambition qu'ça pour eux autes. Moè'tou, ch'us v'nue au monde icite. Pis j'ai vu mon pére pâsser sa vie à gratter 'a terre, à bûcher du bois, pi'à arracher d'la roche. Toè, t'es v'nu icite, j't'ai marié, pis, toè'tou, c'est ça qu't'as faite depuis c'temps-là, pis c'est ça qu'tu vas faire jusqu'à'a fin d'tes jours.

TÉLESPHORE — J'voès pas qu'est-c' y a d'déshonneur à ça.

ROSANA — Non, y a pas d'déshonneur, j'sais ben. Mais, moè, j'voudrais qu'mes enfants, y ayent une vie mieux qu'ça. J'veux pas qu'Victorien, sitôt qu'y va avoèr quinze ans, y commence à partir, l'hiver, pour les chantiers. Pi 'es autes non plus! J'veux pas qu'y ayent la même vie d'misère pis d'ennuyance qu'on a eue.

TÉLESPHORE — Tu voudrais qu'y désartent en ville comme ton frére Georges-Albert, ch'pose?

ROSANA — Non. Mais quand ej'voès Arsène Bouchârd, el'garçon à Ugène Bouchârd à côté, qu'sa mére a envoyé au Seuminaire, pis qui est rendu docteur, à c't'heure... Quand ej'voès sa sœur Ombéline, qui a marié Tit-Gus Saillant, ç'a été él'vé avec moè, ça! pis alle a deux garçons au collége, pis ses filles vont au couvent... Ben, je m'dis qu'nus autes etou, on est capab' de s'forcer pour qu'nos enfants s'escousent el'fumier qu'y ont après leûs bottines, pis qu'un jour y soyent plus à leûs aises que nus autes.

TÉLESPHORE — Mais l'argent, batince? Quand mê' c'qu'on voudrait les faire toutes étudier dan'es colléges, pi'es Suminaires, pi'es couvents, comme tu dis, l'argent, Rosanâ, où c'est qu'on va 'a prende?

ROSANA — Je l'sais pas. Mais, si y faut faire des sacrifices, on en f'ra. Si y faut gratter, on gratt'ra. Moè, j'sais que j's'rais capab' de tond' un œuf, si y faut. M'as vend' mes confeutures, sus l'bord du ch'min, aux machines qui pâssent. M'as aller laver en journées au village. Toute! N'importé quoè! Mais tu peux êt' çartain, Télesphore Tremblay, qu'tes enfants pi'es miens, y vont êt' plus instruits qu'toè pis moè.

TÉLESPHORE — En t'es cas! On verra ben dans l'temps comme dans l'temps... Bon! ben, moè, ch'us tanné de m'chauffer 'es flancs icid'dans. Déteurse, pas déteurse, ej'sors! J'm'en vas travailler avec ton pére.

Il se dirige vers la porte en clopinant, pendant que sa femme hausse les épaules et le suit d'un regard dur et fermé.

SIXIÈME TABLEAU

Une voix d'homme lance très au loin le cri d'un loup qui hurle à la lune.

Une autre voix lui répond, de très loin elle aussi.

HOMME 1, *lointain* —
Whou-ou-ou-ou !...

HOMME 2, *lointain* —
Whou-ou-ou-ou !...

7 HOMMES —
Pâssent les jours,
Pâss' les années,
V'là l'temps qui pâsse
Et qui s'en va !

HOMME 1, *un peu moins loin* —
Whou-ou-ou-ou !...

6 FEMMES —
Chacun son lot,
Plus qu'l'arb' est gros,
Pluss qu'y fait d'l'ombre.
Chacun son bien,
C'que j'ai, je l'tiens,
P'j'ai les dents longues.

HOMME 2, *un peu moins loin* —
Whou-ou-ou-ou...!

7 HOMMES —
Pâss' les années,
Pâssent les jours,
La vi' qui pâsse
Et qui r'vient pas!

HOMMES 1 ET 2 —
Whou-ou-ou-ou!...

Le chœur, excluant les deux comédiens qui doivent jouer Rosana et Georges-Albert à la scène suivante, est toujours composé de treize personnes. Nous essayons ici d'évoquer le monde animal. À part un garçon qui incarnera le gibier, tous les autres sont des loups. Le groupe se divise en deux bandes de six: trois garçons et trois filles. Nous apercevons d'abord la première bande, une meute qui chasse... Il ne s'agit pas bien sûr d'imiter grossièrement le mouvement de ces animaux, mais plutôt de se pénétrer du comportement intérieur du fauve. Ce sont tous les sens en éveil, l'odorat et l'ouïe surtout: on flaire le vent, on renifle une piste, on dresse l'oreille pour écouter... Un langage de grognements, de jappements... La course légère, bondissant sur le sol... On évente le gibier. Ce pourrait être un chevreuil. Il court, il se sauve... La meute le poursuit, le rattrape, le cerne. C'est l'attaque. Le chevreuil s'écroule. Les loups le flairent et vont se jeter dessus pour le dévorer. Un hurlement au loin...

1 HOMME —
Whou-ou-ou-ou!...

C'est un loup de la deuxième bande. Les premiers s'arrêtent autour de leur proie, l'oreille inquiète, flairant le vent. On entend les hurlements de la deuxième bande, qui se rapproche, puis apparaît. C'est l'affrontement entre les deux groupes. Les derniers venus veulent s'approcher de la proie. Les autres ne veulent pas lâcher le morceau. Les deux chefs de meute se détachent des autres, se rapprochent, s'affrontent, se mesurent, montrant les dents et grognant... Finalement le plus fort l'emporte: le chef du premier groupe. Le hurlement des intrus se transforme en une espèce de gémissement... La deuxième bande rôde un moment à distance, chacun se léchant les babines de convoitise. Le premier groupe reste en position d'attaque autour de la proie. Les loups de la deuxième bande repartent, l'oreille basse, le dos rond, la queue entre les jambes. Les autres poussent un hurlement de triomphe.

3 HOMMES et 3 FEMMES —
Whou-ou-ou-ou...!

SCÈNE VI

C'est la fin de mars, un dimanche après-midi.

Rosana a quarante-cinq ans.

Elle rentre dans la maison, accompagnée de son frère, Georges-Albert, qui vient d'arriver. Ce dernier est âgé de quarante-six ou quarante-sept ans.

GEORGES-ALBERT — Pis? Qu'est-c' tu dis d'mon nouveau châr?

ROSANA — Je l'trouve ben beau.

GEORGES-ALBERT — C't une vraie luck que j'ai eue, ça, jeewiss! El'bonhomme qui l'avait, c'tait l'beau-pére d'un gars, à'a shop. Y sortait qués'ment jamais. L'hiver, c'est ben just' si y l'env'loppait pas dans l'papier d'soèe. Quante j'l'ai faite checker au garage, el'gars, m'l'a dit: « Georges-Albert, c'comme un châr neû' qu't'as là. »

ROSANA — T'as été chanceux en grand.

GEORGES-ALBERT — Ouais. Un vrai bargain! *(Il jette un regard dehors, à travers la fenêtre ou la porte vitrée.)* Là, y est sale, en jeewiss! y est toute plein d'vâse, mais si tu l'voyais quand y est ben shiné...

ROSANA — Les ch'mins sont mauvais, hein?

GEORGES-ALBERT — Ah! parle-moè-z-en pas, c'est toute défoncé! J'avais qués'ment peûr de câsser mon steering. Y avait des trous, j'te mens pas...

ROSANA — C'toujours de même, à'a fin du mois d'mars. Jeudi pâssé, Télesphore est monté dans l'rang d'la Pierrâille, avec el'truck. Ça calait, pis y est resté pogné dan'une panse de vache. Y a fallu deux ch'uaux pour el'sortir de d'là.

GEORGES-ALBERT — Ah! toute el'printemps, c'est ben toffe pour un châr. Avoèr su que c'tait d'même, j'pense que j's'rais pas v'nu, jeewiss! Mais c'est Lucienne, tu comprends ben. A' voulait avoèr son sirop d'érabe.

ROSANA — Comme c'qu'alle est, Lucienne?

GEORGES-ALBERT — Ah! pas pire, pas pire.

ROSANA — Pi'es enfants?

GEORGES-ALBERT — Les enfants pareil. M'as dire comme c'gars: «C'pas toujours el'Klondike, mais ça s'toffe!» Icite tout l'monde est ben?

ROSANA — Ah, ouais! On a pas trop à s'plainde.

GEORGES-ALBERT — Es-tu tut seule?

ROSANA — Ben, oui. Francoès est monté à un parti d'suc', avec les jeunes sus Bouchârd. Pis Télesphore, lui, y avâit une... chose, là... une espèce d'assemblée d'politique à Saint-Ezyâr.

GEORGES-ALBERT — Y est toujours aussi bleu, Télesphore?

ROSANA — Toujours. Ça faisait ben plaisir à c'pauv' son père, ça. Y disait tout l'temps:

«Nus autes, dan'a famille, on a toujours été bleus. On a jamais r'viré not' capot!»

GEORGES-ALBERT — Pauv' son père! Lui'si, y était toujours pas mal busy, dans l'temps des élections.

ROSANA — Ouais, pauv' son pére! À chaqu' foès qu'je r'gârde sa chaise, là, à côté du poêle, j'me dis: «M'semb' que... ça a pas d'bon sens qu'y soye parti!»

GEORGES-ALBERT — Ouais. Y a pâssé vite, en jeewiss! Mais... qu'est-c' tu veux?...

ROSANA — J'sais ben. Faut s'faire une raison. C'est lui qui disait ça, son pére, t'arappelles-tu! «Faut toujours se faire une raison!»

GEORGES-ALBERT — Ouais. C'est vrai qu'y disait ça.

ROSANA — En tou'es cas!... Des foès, j'trouve qu'la maison est grande, t'sais, ben grande... Ça fait que, quand y arrive d'la visite, de même... Prendrais-tu queuqu' chose, Georges-Albert? Un tit peu d'fort?

GEORGES-ALBERT — Ben, okay! j'dirai pas non. Même si c't encôre el'carême, après toute, m'as dire comme c'gars: «Aujourd'hui, c'est dimanche!»

ROSANA, *posant une bouteille de gros gin sur la table* — Quins! Sers-toè don' comme tu veux.

GEORGES-ALBERT, *se versant un verre* — Toujours el'gros quat' épaules! C'tait 'a boèsson du pére, ça, hein?

ROSANA — Ouais.

GEORGES-ALBERT — T'en prends pas, toè?

ROSANA — Ah, non! Moè, j'trouve ça trop

fort. Yen qu'quant' j'ai l'rhume, des foès, une tite ponce...

GEORGES-ALBERT, *se raclant la gorge après une lampée* — He-e-em!... Ça réchauffe par yoù c'que ça pâsse, ça. He-e-em!... Ça fait du bien, en jeewiss!

ROSANA — Tu parles si ch'us restée surpris, quant' j'ai entendu l'criârd de ta machine!

GEORGES-ALBERT — Ben, oui, j'ai dit ça à Lucienne: « Allright! C'correct, m'as aller charcher l'sirop, pis en même temps, m'as arrêter faire un tour chez Rosanâ ».

ROSANA — A'a pas eu envie de v'nir, elle, Lucienne?

GEORGES-ALBERT — Ben, non. A' avait peûr de g'ler. T'sais comme a' est frileuse?

ROSANA, *piquée* — Mon Dieu! J'sais ben qu'on a pas l'chauffage avec des radiateurs, comme cheuz vous. Mais on ménage pas l'bois dans l'poêle. As-tu fret, toè?

GEORGES-ALBERT — Ben, non! C'pas pour icite qu'a' disait ça. C'est dans l'châr. Alle a jamais assez chaud. Cheuz nous, si j'la laissais faire, a' f'rait boster l'bâleur, jeewiss!

ROSANA — J'peux ben r'mett' un aut' rondin, s'tu veux...

GEORGES-ALBERT — Non, non, c't okay d'même. Moè, c'est l'contraire, j'trouve toujours qu'y fait trop chaud.

ROSANA — Parc' qu'icite, on a jamais garroché l'argent par les châssis pour chauffer l'déhors, mais on a jamais été r'gârdants sus l'bois non plus.

GEORGES-ALBERT — Jeewiss! ej'comprends. Pour el'prix qu'y vous coûte!... À part de ça qu'à c't'heure, toè, m'as dire comme c'gars: tu doès pas êt' en peine?

ROSANA — Comment, à c't'heure?

GEORGES-ALBERT — Ben, avec c'que t'as en d'ssours des pieds, à c't'heure, avec c'que l'pére t'a laissé, ch'pose que t'as pas besoin de t'priver.

ROSANA — Tu veux dire la terre icite?

GEORGES-ALBERT — Ben, ouais! La terre, pi'a maison, 'es bâtiments, 'es animaux, toute el'roulant. C'pas pire. Ça s'prend ben, hein?

ROSANA — J'ai rien pris. J'ai eu c'qui était marqué dans l'testament, c'est toute.

GEORGES-ALBERT — Justement: c'est toute. J' te l'fais pas dire. T'as toute eu, jeewiss!

ROSANA — C'est son pére qui l'a faite, el'testament, c'pas moè.

GEORGES-ALBERT — Ben... t'as dû l'enfirouâper un tit peu, hein? Pis ça a fini par adonner d'même, ch'pose.

ROSANA — Cou' don', toè, Georges-Albert, c'est-y pour m'envoyer des chiques pis des patarafes de même que t'es v'nu après-midi? Tandiss que t'es parti, gêne-toè pas: traite-moè don' d'voleuse.

GEORGES-ALBERT — J'ai pas dit qu't'avais rien volé, mais... Y m'semb' que, dans c'testament-là, que l'pére a r'faite l'automne pâssé, just' quéqu' mois avant sa mort... M'as dire comme c'gars: c'est drôle, ça, hein?...

Ben, dans c'testament-là, y'nn avait pas ben gros pour ton frére.

ROSANA — Ben, m'as t'dire une chose, moè: mon frére, Georges-Albert Guillemette, ça faisait vingt-cinq ans qu'y avait désarté 'a maison. Y avait yen qu'à rester icite dans c'temps-là, pis y aurait eu sa pârt autant qu'moè. Pluss que moè même, ch'us ben çartaine.

GEORGES-ALBERT — Ben, en attendant, j'ai rien eu.

ROSANA — Qu'est-c' tu veux que j'te dise? Ben bon pour toè! Pendant des années, avant que j'soye mariée, comment d'foès que l'pére t'a d'mandé de r'venir d'la ville? Comment d'foès qu'y t'a offert de t'établir icite? Tu l'sais pas, toè, comment c'qu'y t'a attendu. Pauv' vieux! Y s'imaginait tout l'temps qu't'allais changer d'idée, pis qu'y allait t'voèr er'ssoude un bon matin. Mais non, pas d'saint danger! Toè, t'aimais mieux rester en ville.

GEORGES-ALBERT — Ben, j'm'étais trouvé une jeewiss de bonne job! M'as dire comme c'gars: j'tais toujours ben pas pour toute sacrer là pour er'venir brâsser du fumier icite.

ROSANA — Beau dommage! Tu gâgnais d'la grosse argent. Ça a pas pris d'temps qu'tu t'es-t-ach'té une machine. Pis tu t'habillais comme une carte de mode. Pis t'étais ben fier. Ça prenait toute ton tit change pour que tu r'viennes nous voèr au Jour de l'An. Mais, pendant c'temps-là, fallait ben queuqu'un pour el'brâsser, l'fumier icite, comme tu dis. Ben, tu sauras que, moè, ça m'est arrivé, pis pas yen qu'une foès, d'aller à'étab', de pogner 'a fourche, pis de l'ramâsser, l' fumier, parc' que son pére était tut seul d'homme su'a terre, pis qu'y était pas capab' de tout faire. Je l'ai brâssé, l'fumier, moè, pendant qu'tu t'cârrais dans ta machine. Ça fait qu'à c't'heure, ec'fumier-là, si y est à moè, avec toute la terre qui est en d'ssours, j'me sens' a conscience tranquille, j'sais qu'j'ai 'es quat' pieds blancs, pis j'ai pas peûr d'avoèr rien volé à parsonne.

GEORGES-ALBERT — J'dis pas qu't'avais pas l'droèt d'avoèr ta pârt, mais, jeewiss! t'aurais toujours ben pu m'laisser quéqu' chose.

ROSANA — Écout'-moè ben, toè, Georges-Albert. J'avais pas encôre vingt ans, quant' ma tante Du'cinâ est morte pis j'ai commencé à t'nir maison icite. J'tais tut seule avec son pére, j'm'occupais du jardin, j'l'aidais à faire el'train, pis ben d'aut' choses, pis on s'arrangeait avec un homme engagé quand y avait pas moyen d'faire autrement. Après ça, j'ai marié Télesphore, pis, lui, y a travaillé icite comme un marcenaire. Pendant vingt ans, on s'est décarcassés pour asseyer d'faire pousser queuqu' chose sus c'te terre-là, pour tâcher d'réchapper un peu d'récolte qu'y avait moyen d'sauver su'es g'lées, les mois d'séch'resse, ou ben 'es étés qu'y arrêtait pas d'mouiller pis toute pourrissait sus l'champ. On a él'vé nos enfants dan'es années d'la crise, dans l'temps que toute es'vendait pour rien, même si ça coûtait toujours el'même prix d'sueur pis d'ouvrage pour el'ramâsser. Pis on a toujours été icite, au côté d'son pére, pour l'aider, pis, moè, j'ai toujours pris soin d'lui jusque dans ses vieux jours, jusqu'à sa mort. Ça fait qu'la terre icite, a' me r'venait. J'ai pas de r'mords pantoute de l'avoèr eue. A'est à moè! Si t'avais des idées en arriére d'la tête en v'nant icite, Georges-Albert Guillemette, tu peux t'mett' un P, pis une bârre par-dessus. A'est à moè, pis pensez-y pus!

GEORGES-ALBERT — Tu peux ben 'a garder, ta terre, avec tou'es roches pis l'fumier qu'y a d'ssus. Moè, comprends-tu, j'ai une bonne job en ville, une job steady. Ça fait dix-sept ans qu'ch'us rentré à l'arsenal. Pendant 'a guerre, avec l'overtime, on a faite d'l'argent comme de l'eau. À c't'heure, y ont commencé à slacker des hommes, mais, moè, m'as dire comme c'gars: j'ai pas besoin d'avoèr peûr. Ça fait trop longtemps qu'ch'us là. Y peuvent pus m'mett' déhors, tant que j's'rai pas arrivé à l'âge de ma pension. Parc' que moè, jeewiss! m'as avoèr une bonne pension!

ROSANA — Ben, tant mieux! Ch'us ben contente pour toè!

GEORGES-ALBERT — Empêche pas que... des affaires de testament d'même, des foès c'pas difficile à plaider.

ROSANA — Comment? Qu'est-c' tu dis, toè?

GEORGES-ALBERT — Ça fait rien. Nevermine! J'm'en sac' d'la terre. Tu peux 'a garder. Mais... jeewiss! el pére, y m'semb' ben qu'y avait réussi à sauver quéqu'cennes? Y avait ben un peu d'argent d'placé quéqu' part? Ben, ça, si tu penses que m'as toute te laisser, m'as dire comme c'gars: tu t'fourres el'doigt dans l'œil, Rosanâ! Tu t'fourres el'doigt dans l'œil jusqu'au...

ROSANA, *froidement* — D'l'argent, c'est vrai qu'y'nn a eu... Mais charche-z-en pas, y'nn a pus.

GEORGES-ALBERT — Comment ça, y'nn a pus?

ROSANA — Quant' son pére est mort, y avait pas une cenne. Y y restait sa terre pis l'roulant, c'est toute.

GEORGES-ALBERT — Ah ben, jeewiss! A'est toffe à avaler, çalle-là! Pi'es bons d'la Victoère, par 'zempe? Où c'que c'est qu'y sont rendus, eux autes?

ROSANA — Les bons d'la Victoère, y ont pâssé comme el'reste. Pis veux-tu, m'as t'dire comment?

GEORGES-ALBERT — Envoye don'! J's'rais ben curieux de l'savoèr.

ROSANA — L'argent qu'son pére avait, y me l'a donné. Y me l'a donné d'son vivant. Y'nn avait pas tell'ment, y me l'a donné p'tit à p'tit, pour payer l'instruction d'mes enfants.

GEORGES-ALBERT — Ah ben, jeewiss de jeewiss! A'est bonne, çalle-là!

ROSANA — Y me l'a donné. Pis, chaqu' foès qu'y payait 'es comptes du collége ou ben du couvent, moè, je l'ai r'marcié. Pis, chaqu' foès, j'avais 'es larmes aux yeux, pis j'y disais qu'y était bon, pis qu'j'étais contente.

GEORGES-ALBERT — J'crés ben! Tu pouvais

ben êt' contente. Qui c'est qui s'faisait pleumer, là-d'dans? C'tait moè!

ROSANA — Pis j'vas même te dire que je r'grette rien. À c't'heure, Victorien, y est instruit, y a une position dans un bureau, pis y met des ch'mises blanches pour aller travailler. Marie-Rose, a' s'prépare pour v'nir garde-malade. Pis Françoès itou, y va finir ses études betôt. Toute l'argent qu'son pére a payée, j'y aurais embrassé 'es mains quand y m'la donnait. Pis je r'grette rien.

GEORGES-ALBERT — Ouais! ben, m'as dire comme c'gars: dans l'temps qu't'étais p'tite pis tu jouais avec ta catin, t'avais d'l'air pas mal bâton d'crème, mais ça m'a l'air qu'avec les années, jeewiss! t'as pas eu ben d'misére à catcher comment qu'ça marche, la biznusse, toè?

ROSANA — Dan'a vie, y a l'temps qu'on joue à'a catin, pis y a l'temps qu'on apprend à s'défende.

GEORGES-ALBERT — Ben, toè, tu pourras dire que t'as appris right-through!

ROSANA — C'est d'même. Mais... si tu veux d'la creume, pour manger avec ton sirop d'érab', gêne-toè pas. Télesphore a pâssé au centrefuge, hier au soèr. M'as t'en donner une pinte. Pis tu diras à Lucienne que c't un cadeau que j'y envoye.

GEORGES-ALBERT — Okay, m'as y emporter. Tu peux êt' çartaine qu'a' va êt' ben contente. Pis... comme c'est l'jour que t'as d'l'air dans tes générosités, ben, m'as m'varser un aut'coup de gin, jeewisss! M'as dire comme c'gars: ça s'ra pas d'trop pour m'aider à faire pâsser ça!

Il prend la bouteille et se verse un verre, pendant que Rosana le regarde sans rien dire.

SEPTIÈME TABLEAU

Le chœur est formé de douze personnes, six hommes et six femmes. N'en font pas partie les deux interprètes de Rosana et de Victorien à la scène suivante, ainsi que celui qui devra incarner le bûcheron à la fin du tableau. Les membres du chœur sont disposés debout, les bras déployés en l'air, figurant les arbres d'une forêt. On entend souffler le vent un moment.

6 HOMMES —
Pâssent les jours,
Pâss' les années,
V'là l'temps qui pâsse
Et qui s'en va!

Nouveau souffle du vent.

6 FEMMES —
L'arb' reste là,
Les feuill' s'en vont
Avec el'vent.
L'mond' vous laiss' là,
L'hiver est long,
P'y'a pus d'printemps.

Le vent souffle encore une fois.

6 HOMMES —
Pâss' les années,
Pâssent les jours,
La vi' qui pâsse
Et qui r'vient pas !

Une rafale de nordet dans les branches. Les arbres plient. Certains d'entre eux se trouvent déracinés et s'abattent sur le sol. Peu à peu, soit par vieillesse et décrépitude, soit renversés par une bourrasque, tous les arbres de la forêt vont s'écrouler par terre. Tous, moins un. Le plus fort, le plus haut, le plus beau. Celui-là continue de s'épanouir au soleil, et ses branches s'étalent dans le vent. Arrive un bûcheron, qui enjambe les corps morts et s'avance jusqu'à cet arbre resté seul debout. Il le toise, promène sa main sur le tronc, palpe l'écorce. Puis il prend sa cognée et commence à bûcher. L'arbre résiste d'abord, sans broncher, puis il se met à accuser chaque coup de hache, oscille et s'abat dans un grand fracas. Le bûcheron, qui s'est retiré de quelques pas, le regarde tomber, remet sa cognée sur l'épaule et s'en va.

SCÈNE VII

C'est le début de mai. Le printemps, mais la chaleur n'est pas encore arrivée. La neige a presque fini de fondre, découvrant les vastes étendues d'herbe rêche et grise. Environ sept heures du soir. Rosana a cinquante-cinq ans. Victorien, son fils, vingt-neuf ans, est venu lui rendre visite et souper avec elle. Les reliefs du repas sont encore sur la table. Le garçon est en train d'examiner des papiers, pendant que sa mère s'adresse à lui d'une pièce voisine.

ROSANA, *de loin* — J'comprends pas ça. Y étaient toutes ensemb', ces papiers-là. J'les avais mis icite, dans l'tiroèr d'la commode.

VICTORIEN — Non, non. C'correct, mâman. J'viens de l'trouver. Y est ici.

ROSANA, *revenant* — Ah, bon! Y m'semblait ben, aussi. Quant' ch'us r'venue d'chez l'notaire avec Françoès, j'avais serré ça là, exprès pour t'les montrer.

VICTORIEN, *classant les papiers* — Ça, c'est les titres... L'avis d'expropriation... Les comptes de taxes... Pis l'offre d'achat pour la maison.

ROSANA — C'est-y toute ben correct, comme t'avais dit?

VICTORIEN — Oui, oui... D'ailleurs inquiétez-vous pas, j'vas m'arranger pour êtr' là quand vous allez signer l'contrat.

ROSANA — Ah! j'aim'rais ben ça, Victorien. C'pas qu'j'ai pas confiance dans Françoès, mais, pour les affaires, depuis qu'vot' pauv' pére est pus là, c'toujours toè qui as toute arrangé ça. M'semb' que t'es plus accoutumé.

VICTORIEN — Avez-vous encore du thé?

ROSANA — Ah, oui! y'nn a en masse. Attends... M'as remplir ta tâsse.

Elle part avec la tasse.

VICTORIEN — Oui, ben, y a pus à r'venir là-d'ssus, c'est faite! Quand même on voudrait changer d'idée à présent...

ROSANA — C'est ça qu'Françoès m'disait justement... *(Lui redonnant sa tasse.)* Quins! Fais attention, y est chaud... « La maison, à c't'heure, c'est comme si a'était vendue. Y a pus yen qu'à attend' l'argent. »

VICTORIEN — Ouais... La grand-route, qui va traverser 'a terre d'un bout à l'autre, dans toute sa longueur... pis un gros garage à'a place d'la maison!...

ROSANA — Françoès dit que, plus târd, ça s'ra pas ben long qu'y vont bâtir un môtel.

VICTORIEN — C'pas pour rien qu'y achètent si grand d'terrain, comme ça, juste à'a croisée des deux routes.

ROSANA — C'est ça qu'Françoès disait, lui'tou:

« C'est ben qu'trop grand pour faire yen qu'un garage. »

VICTORIEN — C'pas pour rien non plus qu'y sont prêts à payer c'prix-là. Vous êtes riche, mâman ! Vous rendez-vous compte de ça ? Vous êtes riche à c't'heure !

ROSANA — J'sais ben qu'c'est d'la grosse argent. Des foès, ça m'fait qués'ment peûr. Dans c'temps-là, j'me dis qu'y'nn a ben d'autes qui sont ben plus riches que ça. Mais au moins... j'vas avoèr queuqu' chose en d'ssours des pieds pour mes vieux jours.

VICTORIEN — Quand on pense que, tout ça, c'tait rien qu'une p'tite terre !

ROSANA — Pis d'la terre pas ben bonne, dure à cultiver... Faut dire que ton pére, pis ton grand-pére, pis mon grand-pére, à moè, quand y est v'nu s'établir icite, y ont ben travaillé d'ssus.

VICTORIEN — J'me rappelle, quand j'étais p'tit, j'allais à l'école du rang, avec Marie-Rose pis François...

ROSANA — Moè'tou, m'semb' que j'vous voès encôre partir, el'matin, là... *(Elle montre la porte.)*

VICTORIEN — Pâpâ, qui était en train d'labourer dans l'champ qui longe le ch'min... On y criait : bonjour ! Y prenait l'temps d'arrêter son ch'fal, pis y nous faisait un signe avec la main... Grand-pâpâ, lui, y était toujours debout avant tout l'monde, à cinq heures, pour faire son train... L'après-midi, j'allais le r'garder traire les vaches. J'apportais ma p'tite tasse de fer-blanc, pis y m'la remplissait d'lait chaud, avec d'la grosse écume dessus, épais comme ça...

ROSANA — Ouais... Pauv' son pére!

VICTORIEN — J'le vois encore. Y commençait par prendre un beau linge blanc, tout propre, pour essuyer l'pis d'la vache. Là j'm'approchais avec ma tasse, pis... zing! zing! zing!... J'aimais ça, l'bruit qu'ça faisait quand l'lait r'frisait d'dans...

ROSANA — Mon doux! comme c'est d'jà loin, tout ça! Dire qu'à c't'heure, on a même pus d'animaux, pis on est ôbligés d'prend' el'lait sus l'voèsin!

VICTORIEN — Pis nous autes, en ville, on achète ça au magasin, dans des affaires en carton...

ROSANA — Ben, oui! j'ai r'marqué ça quant' ch'us allée cheuz vous. C'est c'mmode, par 'zempe. Ça fait pus d'bouteilles à laver pis à r'tourner.

VICTORIEN — Ouais. c'est l'progrès! Les terres qui s'défont pour laisser passer des routes, les maisons qui s'jettent à terre pour construire des garages, pis l'lait dans des bouteilles en carton!

ROSANA — Des foès, j'me réveille la nuite, pis j'pense à ça, que j'vas êt' ôbligée d'déménager, pis toutes les affaires à vende: m'semb' que ça m'paraît comme une montagne! Va falloèr faire un encan... L'aut' jour, y a un commarçant d'meub' de seconde main qui est arrivé avec son truck. Y voulait qu'je l'laisse rentrer, pour voèr. J'y ai dit: «Écoutez un peu, là, vous. J'reste encôre icite, moè. Y a toujours ben pas d'presse pour vider 'a maison!» En fin d'compte, y m'a offert quinze piasses pour toutes sortes de vieilles cochonn'ries, qui traînaient dans l'ancien poulâiller. Ça, c'correct. Mais, les meub', faut ben qu'j'attende pour savoèr c'que j'vas garder. J'sais même pas encôre où c'que j'vas aller rester.

VICTORIEN — L'notaire vous a pas parlé d'aut' chose?

ROSANA — Pour une maison au village?

VICTORIEN — Oui.

ROSANA — Ben, sais-tu, Victorien... Ça m'chicote depuis un bout d'temps. J'ai ben r'pensé à ça, là...

VICTORIEN — À quoi?

ROSANA — Ben, ach'ter une maison au village... C'est ben sûr que j'connais tout l'monde, mais... j'vas êt' tut seule pareil. Dans l'temps, comme d'araison, j'pensais qu'Françoès continuerait à rester avec moè. Pis, quand y s's'rait marié... Y va ben finir par es'câser un bon jour!... Ben, là, lui, ça y aurait faite une maison. Mais à c't'heure qu'y est pour êt' transféré...

VICTORIEN — Vous avez pas envie d'aller vous installer avec lui, là-bas?

ROSANA — À Riviér'-du-Loup? Moè? Ah, ben, jamais d'la vie! J'connais pas un chat par là. Lui, c'pas pareil. Y est ben ôbligé, si y veut avoèr d'l'avanc'ment. Ça l'tente pas gros, gros, t'sais, mais faut ben. Faut qu'y s'fasse une raison. Faut toujours s'faire une raison.

VICTORIEN — Pis vous, comme ça, l'village, vous avez plus l'goût.

ROSANA — Ben, c'comme j't'ai dit: j'ai peûr de trouver ça plate, tut seule. Icite, c'pas pareil. Quant' ça fait longtemps qu'on reste dan'une maison...

VICTORIEN — Ben, voyons, mâman! On vient justement d'dire que la promesse de vente est signée: y a plus moyen de r'venir en arrière. Dites-moi pas que vous allez commencer à r'gretter!

ROSANA — Ben... j'dis pas ça.

VICTORIEN — D'ailleurs y avait pas d'aut' chose à faire que d'accepter. Un prix comme ça, ça se r'fuse pas.

ROSANA — Ah, ça, je l'sais ben!

VICTORIEN — Jamais vous auriez r'trouvé une autre occasion comme ça. Ça arrive pas une fois dan'une vie, ça.

ROSANA — J'sais que c't une chance. J'ai été chanceuse en grand. Pis y doèt ben'nn avoèr qui sont pas mal jaloux d'moè. Bouchârd à côté, quand ç'a été décidé qu'la route pâss'rait icite au lieu d'sus sa terre, y'nn a qués'ment faite une maladie. Mais ça fait rien... Quand on est v'nu au monde dan'une maison, t'sais... Quant' ça fait toute une vie qu'on est là...

VICTORIEN — J'vous comprends, mâman. Moi aussi, ça m'fait quèqu' chose, mais... y faut s'faire une raison.

ROSANA — Ben, oui! Faut toujours s'faire une raison... Quins! toè'si, à c't'heure, tu dis ça?... (*Soupirant.*) En tou'es cas...! Mais c'pas ça que j'voulais dire... Ça m'est v'nu comme ça, à propos d'la maison au village.

VICTORIEN — Aimeriez-vous mieux rester par ici, dans l'bout? On pourrait vous faire construire une maison. Une belle p'tite maison neuve, moderne, confortable...

ROSANA, *sans conviction* — Ouais...

VICTORIEN — Vous aimeriez pas ça?

ROSANA — Ben, sais-tu, j'me d'mande, là... Ça fait des s'maines que j'jongue à ça, pis qu'je r'tourne ça d'tou'es bords... J'pense que j'aurais envie d'm'en aller rester en ville.

VICTORIEN, *surpris* — En ville? À Québec?

ROSANA — Ben, oui! Françoès, lui, y va partir. Pis après y peuvent l'envoyer n'importe où, dan'une aut' place encôre plus loin... Icite j'connais tout l'monde, mais y aura pus parsonne de vous autes.

VICTORIEN — C't un gros changement, vous savez, partir d'la campagne, pis v'nir vous installer en ville, à votre âge... Vous avez pas peur de vous ennuyer?

ROSANA — Ben, tu voès, y a Marie-Rose, qui s'trouve là... pis... toè, ta femme, les deux p'tits... J'aim'rais tell'ment ça, les voèr plus souvent, André pis Jocelyne!

VICTORIEN — Ah, ben, eux autres, les enfants, y s'raient ben contents! André, quand on y parle de voir grand-mâman, c'est pas qu'une p'tite fête!

ROSANA — Ah! Y est assez fin, c't enfant-là! Quant' je l'voès, c'est ben simpe, je l'mang'-

rais !... C'comme Nicole, ta femme, j'm'adonne ben avec.

VICTORIEN — Elle aussi. A'm'disait ça, l'aut' jour : ça y fait toujours plaisir, quand a' vous voit.

ROSANA — T'sais, au mois d'janvier, quant' ch'us allée pâsser trois s'maines cheuz vous, j'ai aimé assez ça ! J'me sentais assez ben, là !... J'm'arappelle, des soèrs, vous êtes sortis tou'es deux, pis, moè, ch'us restée pour garder 'es p'tits... Y étaient pas difficiles à garder : sont assez sages !... J'les couchais, là, pis j'restais là, dans l'salon. Des foès, je r'gârdais 'a télévision... Pis j'sentais, là... M'as dire comme on dit : j'étais heureuse !

VICTORIEN — C't entendu qu'si vous restiez en ville, on pourrait vous voir ben plus souvent. Y faudrait vous trouver un p'tit logement à vot' goût...

ROSANA — Ben, sais-tu, j'pensais à ça... J'ai pas besoin d'une maison, pis un tas d'meub' pis toute ça... Moè, la tite chambe où c'que j'étais, cheuz vous, y m'en faudrait pas plus grand qu'ça.

VICTORIEN — Une chambre ? Vous aimeriez mieux ça, rester en chambre, qu'avoir un logement ?

ROSANA — Ben, en chambe... T'sais, c'comme un rêve que j'faisais. J'me disais : « Eux autes, ça leû' f'rait queuqu'un d'fiab' pour les enfants. Y pourraient sortir le soèr aussi souvent qu'y'nn ont envie, pis y auraient pus d'misére à trouver du monde pour garder. Pis Nicole, avec la maison à entret'nir, pi'es enfants à avoèr soin, ça y fait pas mal d'ouvrage. Moè, ch'us encôre bonne pour travailler. J's'rais ben capab' d'y donner un coup d'main sus l'ménage pi'a cuisine. Pourvu qu'j'aurais 'a 'tite chambe, moè, j'en d'mand'rais pas pluss. Pis j's'rais aux oèseaux!»

VICTORIEN — Mais... chez nous, ça? Vous voudriez v'nir rester avec nous autres?

ROSANA, *gênée* — J'te d'mande ça, comme ça... Tu doès trouver que ch'us pas mal effrontée, hein?... J'te dis, c'comme une sorte de rêve qui m'tourne dan'a tête... T'sais, j'f'rais attention pour pas déranger. Tu m'connais.

VICTORIEN — Ben, voyons, mâman! C'pas la question d'déranger...

ROSANA — L'monde dit toujours: la belle-mére pi'a bru, ça va pas ensemb', ça peut jamais marcher... Mais moè, avec Nicole, y m'semb' que j'm'accord'rais ben, pis on aurait pas d'misére à s'entende... À conditions qu'elle, a'voudrait ben d'moé, comme d'araison.

VICTORIEN — Ça, j'vous l'ai dit: pas d'soin, a' vous aime ben. A'm'en parle souvent.

ROSANA — Pis t'sais que ch'us capab' de t'nir ma place. J'dérang'rais pas. J'f'rais toute pour pas déranger. Pis à part de d'ça, à c't'heure, j'vas avoèr d'l'argent. J's'rais capab' de payer ma pension.

VICTORIEN — Mâman! C'pas une question d'argent... C'est juste que, là, vous m'prenez un peu par suprise. J'm'attendais pas à ça. J'vas y penser, là. J'vas en parler avec Nicole... L'affaire, vous comprenez, c'est que la maison est pas tellement grande. Les chambres, ça en prendrait quatre pour faire la grandeur d'la cuisine ici d'dans.

ROSANA — Ah, mais, moè, ça m'fait rien. Yen que l'tit coin d'l'hiver pâssé, c'est toute c'que j'demande. Y m'en faudrait pas plus grand.

VICTORIEN — Justement c'est ça... Là Jocelyne est p'tite. À' pouvait coucher dans not' chambre, avec nous autres. Mais, sitôt qu'a va grandir... La tite chambre, c'est celle-là qu'Nicole voulait y arranger, pour elle.

ROSANA — Ah, ben, c'est vrai. C't entendu, comme d'araison... Nicole doèt avoèr ses plans, elle... *(S'efforçant de cacher son regret.)* J'me l'disais aussi: ça avait pas grand bon sens. Mais... c'tait comme un rêve qui me r'venait tout l'temps...

VICTORIEN — Hé, attendez, là! J'ai pas dit qu'ça marchait pas. C'pas pour demain, c't'affaire-là. On va y penser chacun d'not' côté. Moi, j'vas en discuter avec Nicole, pis on va en r'parler.

ROSANA, *humblement* — T'sais, si c'est pour faire des histoères, laisse faire, parle-z-en pas.

VICTORIEN — Écoutez, mâman, on a encore du temps d'vant nous autres. J'vas y penser.

Il s'est levé pour partir.

ROSANA — Tu t'en vas déjà? Y est pas târd.

VICTORIEN — Ben... j'ai dit à Nicole que j's'rais pas trop longtemps... Comme ça, faites attention aux papiers, hein?

ROSANA — J'vas 'es r'mett' dans l'tiroèr, où c'qu'y étaient.

VICTORIEN — Pis, pour le contrat, j'vas r'venir. Bon ! ben, bonsoir !

Il s'approche pour l'embrasser.

ROSANA — J'vas aller te r'conduire.

VICTORIEN — Non, non sortez pas. Au commencement d'mai, comme ça, les soirées sont fraîches. J'ai vu qu'y avait toute une coulée d'neige qui est pas encore fondue, dan'a cavée du fôssé... *(Il l'embrasse.)* Bonsoir, Mâman.

ROSANA — Bonsoir... Pis t'embrass'ras ben 'es enfants pour moè, hein ? Pis Nicole, itou...

Victorien est sorti. La mère referme la porte et, à travers la vitre, elle le regarde s'éloigner vers son auto. En même temps, comme inconsciemment, elle se met à murmurer une très vieille chanson.

ROSANA, *chantonnant* —

Voici le temps et la saison,
Voici le temps et la saison.
Ah ! vrai, que les journées sont longues !
Ah ! vrai, que les journées sont longues !

Victorien est parti avec son auto. Rosana quitte la porte vitrée et revient vers la table.

ROSANA, *se parlant soudain à elle-même* — A' voudra pas. J'sais ben qu'a' voudra pas, Nicole.

HUITIÈME TABLEAU

Tous font partie du chœur, sauf celle qui doit jouer Rosana à la dernière scène. On entend d'abord le poème-refrain, sans voir personne sur le plateau.

8 HOMMES —
Pâssent les jours!
Pâss' les années!
V'là l'temps qui pâsse
Et qui s'en va!

6 FEMMES —
Mais l'temps s'arrête.
Pourquoi les soirs
Sont v'nus si noirs?
C'est l'temps d'êt' prête:
Faut suiv' la nuit
Qui sort du puits.

8 HOMMES —
Pâss' les années!
Pâssent les jours!
La vi', qui pâsse,
La mort, qu'est là!

Les six femmes apparaissent en groupe serré, d'un côté du plateau, se tenant peureusement par la main. Elles s'avancent avec angoisse dans une forêt pleine d'ombre et de mystère, et chantent sur un ton craintif.

6 FEMMES —
Ah ! qui me pâssera le bois,
Moi, qui suis si petite ?...

En marchant ainsi dans la forêt, elles font la rencontre d'un homme : celui qui jouait le docteur Caron dans la première scène. Celui-ci fera mine de s'offrir à les guider, et elles vont le suivre, toujours dans le même sentiment de crainte et d'anxiété.

6 FEMMES —
Ce sera monsieur que voilà :
N'a-t-il pas bonne mine ? là !
Somm' nous au milieu du bois ?
Somm' nous à la rive ?

L'homme les conduit lentement vers un coin du plateau, où vont se trouver groupés les sept autres garçons. Elles enchaînent le second couplet de la chanson.

6 FEMMES —
Ce sera monsieur que voilà :
N'a-t-il pas bonne mine ?...

L'homme commence à s'éloigner rapidement, puis il va disparaître en courant.

6 FEMMES —
Quand nous fûm's au milieu du bois,
Il se mit à courire, là !

Somm' nous au milieu du bois?
Somm' nous à la rive?

Elles continuent de s'avancer sans savoir où elles vont, se rapprochant peu à peu du groupe des sept garçons. Elles chantent le troisième couplet.

6 FEMMES —
Quand nous fûm's au milieu du bois,
Il se mit à courire...

Les sept garçons poussent en sourdine le cri des loups qui hurlent à la lune.

7 HOMMES —
Whou-ou-ou-ou...!

6 FEMMES —
J'entends venir des loups là-bas,
Qui nous suiv' à la rive, là!...

Elles vont essayer de se sauver, mais les loups se mettent à les poursuivre.

6 FEMMES —
Somm' nous au milieu du bois?
Somm' nous à la rive?

Elles reprennent cette phrase en accélérant le rythme, jusqu'à ce qu'elles soient sorties du plateau, avec les loups derrière elles.

6 FEMMES —
Somm' nous au milieu du bois?
Somm' nous à la rive?

Somm' nous au milieu du bois ?
Somm' nous à la rive ?

Somm' nous au milieu du bois ?
Somm'nous à la rive ?...

SCÈNE VIII

Un soir, dans la première quinzaine de juin. L'appartement que Rosana habite avec sa fille, Marie-Rose, l'infirmière. Le printemps entre par la fenêtre ouverte, avec le parfum des lilas et le sifflement d'un merle qui picore dans le jardin. Rosana a soixante-cinq ans. Elle est seule, en train de parler au téléphone.

ROSANA, *au téléphone* — Marie-Rose est en sarvice de nuite à l'hôpital... Ouais, encôre el'restant d'la s'maine. Jusqu'à sam'di... Françoès? Ben, y d'vait v'nir faire un tour avec sa femme, hier au soèr. Mais en fin d'compte, y a téléphoné qu'y avait pas l'temps. Depuis qu'y sont déménagés dans leû' nouvelle maison, tu comprends, ça y fait ben du bardâs pour toute installer... Ah! ca va pas mal. J'prends toujours les tites pilules que l'docteur m'a données... Ah, non! Mais faut pas qu'j'aille trop vite par 'zempe, parc' que j'pompe. Marie-Rose, elle, a' dit qu'c'est 'es narfs... Ouais... Pis, vous autes?... Au bureau, ça?... Ben, fais attention à toè, Victorien! Fais-toè pas mourir pour c't ouvrage-là... Pis, Nicole? A' est-y moins fatiquée, là?... Ah... Ouais...

Comme ça, ça vous tent'rait pas de v'nir faire un tour, hein?... Ouais... Comme d'araison... Ah, oui! j'comprends... Ben... Ben, ça s'ra pour une aut'foès. — D'main soèr t'ed ben?... Ah, non! Y fait assez beau, là! L'châssis est tout grand ouvert. T'sais, y a des marles qui viennent picosser dans l'harbe, en arriére... Je'nn entends un justement, là... Ouais. Pis, l'lilas des voèsins, y est toute fleuri: ça sent bon!... Ouais. Ben, oui! ça m'fait penser à'a maison, dans l'temps... Ouais, c'correct. Tu diras à André ou ben à Jocelyne de v'nir en bécyc' demain. J'vas leû' donner... Ah! j'sais pas si j' vas 'a r'gârder. L'programme, à soèr, j'aime pas ben ça... Ouais... Bon! ben, c'est ça... Ouais, marci. Pis vous autes itou, hein?... Bon!... Bonsoèr, Victorien... Bonsoèr, là!...

Elle raccroche le téléphone. On entend le merle siffler. Rosana va à la fenêtre et regarde dehors un bout de temps. Elle s'est mise à chantonner machinalement.

ROSANA —
Ah! qui me pâssera le bois,
Moè, qui suis si petite?...

Elle quitte la fenêtre et vient s'asseoir vers l'avant, en reprenant la chanson.

ROSANA —
Ah! qui me pâssera le bois,
Moè, qui suis si petite?...
(Se parlant à elle-même.) Comment ça s'fait que

j'm'arappelle de c'te chanson-là, moè? C'est ma tante Du'cinâ qui chantait ça, quand j'tais p'tite... Mon doux! qu'c'est don' ben loin, tout ça!...

On entend les voix des femmes, qui chantent en arrière-plan.

5 FEMMES —
Ah! qui me pâssera le bois,
Moè, qui suis si petite?...

ROSANA — El'soèr, quand y faisait noèr, j'avais tell'ment peûr!...

Par derrière elle, sur un côté du plateau, on voit apparaître le couple qui jouait Rosana et Georges-Albert à la scène II.

ROSANA-II, *craintivement* — Laisse-moè pas tut seule icite, hein, Georges-Albert?

GEORGES-ALBERT-II, *la rassurant* — Ben, non! J'te quins 'a main, là. T'as pas besoin d'avoèr peûr...

Ils vont traverser l'arrière du plateau lentement, comme deux enfants effrayés par l'obscurité. On entend encore les voix des femmes, qui chantent en sourdine.

5 FEMMES —
Ah! qui me pâssera le bois,
Moè, qui suis si petite?...

ROSANA II — Gârde, Georges-Albert... On dirait qu'y a queuqu'un là...

GEORGES-ALBERT-II — Où, ça?

ROSANA-II — Jus' là... En arriére de l'arbe.
GEORGES-ALBERT-II — Ben, non! y a rien.
ROSANA-II — T'entends pas?... On dirait qu'ça marche...
GEORGES-ALBERT-II — Ça? C't un crapote.
ROSANA-II — T'es çartain?
GEORGES-ALBERT-II — Crains pas, Rosanâ. C'est yen qu'un crapote, qui s'sauve en d'ssours des fardoches.
ROSANA-II — Lâche-moè pas, hein? Serre-moè 'a main fort, fort.
GEORGES-ALBERT-II — Voyons! Y a pas d'danger... Envoye!... Viens-t'en...

Ils finissent de traverser le plateau et disparaissent de l'autre côté. Toujours assise au premier plan, Rosana parle à ses souvenirs.

ROSANA — Mais la foès d'ma catin... pourquoè c'est qu't'as faite ça? J'l'ai jamais oublié. Ma catin, avec el'gros trou noèr dans l'côté d'la tête... J'la voès encôre, Georges-Albert. J'l'ai jamais oublié, ça. Pis j't'ai jamais pardonné...

Pendant la réplique, le chœur des femmes a recommencé à chanter en sourdine la même phrase que plus haut. Quand Rosana s'arrête de parler, on entend les voix qui continuent.

5 FEMMES —
Ce sera monsieur que voilà:
N'a-t-il pas bonne mine? là!...

ROSANA — J't'ai jamais pardonné... J'te l'ai jamais pardonné, Télesphore. Pourquoè c'que tu t'es j'té d'même sus moè? Comme un animal!...

Au centre du plateau est apparu le couple Rosana et Télesphore de la scène V. C'est la nuit de noces. Le mari arrive derrière sa femme. Il se jette sur elle, la renverse sur le lit, un praticable: il l'assaille et la viole.

ROSANA-V, *saisie* — Télesphore!... Voyons!... Mon doux!...

TÉLESPHORE-V, *soufflant bruyamment* — Envoye!...

ROSANA-V, *angoissée, suppliante* — Attends!... Attends un tit peu...

ROSANA — J'ai même pas eu l'temps d'défaire el'lite... J'tais en train de r'gârder l'couvre-pied. Les deux cœurs... Pi'a lampe s'est éteindue...

ROSANA-V, *se débattant, implorant* — Arrête!... Arrête!... Aye!... aye!... aye!...

TÉLESPHORE-V, *renâclant* — Envoye!... Rouv'-toè 'es cuisses, batince!... Écartille-toè!...

ROSANA-V — Ah!... aye!... aye!...

ROSANA — C'tait comme si j'voyais dan'a noèrceur... Les deux cœurs rouges d'la couvarte, pis un r'mous qui tournait... Les deux cœurs, qui m'brûlaient dans l'dos... Les ronces, pi'es courants d'épines qui m'déchiraient l'vente en d'dans... Pis tou'es gouttes rouges qui r'volaient autour... Comme du sang!... Commes des larmes de feu qui m'lichaient l'corps...

ROSANA-V, *sanglotant confusément* — Ah!... Willy!... Willy!...

ROSANA — J'pensais yen qu'à toè, Willy...

Pendant que le couple reste embrassé, confondu comme une masse immobile, l'interprète de Rosana à la scène III apparaît auprès d'un autre praticable figurant aussi le lit. Elle serre dans sa main le mouchoir rouge.

ROSANA — Tou'es soèrs, j'prenais l'mouchoèr que tu m'avais donné... Je l'serrais sus moè... Je l'embrassais avant de l'mett' en d'ssours de mon oreiller...

Rosana-III s'assied sur le lit, étreint passionnément le mouchoir, le baise et se couche en le plaçant sous sa tête.

ROSANA — Willy!... Pourquoè c'que t'es jamais r'venu don'?...

Rosana-III est endormie. Elle rêve.

ROSANA-III — Willy!... Willy!... Où c'est qu't'es parti?...

L'interprète de Willy surgit à son tour. Il s'approche et se penche au-dessus du lit.

WILLY, *doucement, presque tendre* — Ch'us pas parti, Mam'selle Rosanâ. Ch'us pas parti, ch'us-t-icite.

ROSANA-III — Comment ça s'fait qu'vous êtes là, Willy? Ah! qu'ch'us contente! Ch'us don' contente!

WILLY — Ch'us v'nu vous embrasser, Mam'selle Rosanâ...

ROSANA-III — Ah ! ch'us contente ! Ch'us assez contente !...

WILLY — Voulez-vous, j'vas vous embrasser ?

ROSANA-III, *avec ferveur* — Oh, oui ! embrassez-moè !... Ça fait tell'ment longtemps qu' j'attends ça... Embrasse-moè, Willy ! Embrasse-moè !...

Comme en extase, elle tend les bras vers lui. Il se penche lentement vers elle... On entend la voix des six hommes qui ne sont pas sur le plateau imiter le sifflement du train, comme à la scène III. D'abord très lointain... Willy, dont le visage touchait presque à celui de Rosana-III, se fige un moment, puis commence à se redresser, comme s'il était irrésistiblement attiré vers l'arrière.

ROSANA-III, *angoissée* — Willy !...

WILLY, *avec une voix blanche* — C'pas d'ma faute.... C'est plus fort que moè... Quant' j'entends l'train qui pâsse, faut qu'j'embarque...

Il a reculé comme un spectre. Sifflement strident de la locomotive. Willy disparaît.
Rosana-III se redresse en sursaut, comme si elle s'éveillait d'un cauchemar, et pousse un cri désespéré.

ROSANA III — Willy !...

L'autre Rosana, au premier plan, porte la main à sa poitrine, comme si le cœur lui faisait mal.

ROSANA — Quand y est parti, ça m'a brisé l'cœur. J'l'ai jamais oublié. J'ai jamais été capab' de l'oublier... J'ai assayé de m'faire une raison, c'est toute.

Les deux autres couples ont quitté le plateau. On voit apparaître, au fond, l'interprète du père à la scène IV.

CHARLES-ÉDOUARD-IV — Faut toujours se faire une raison.
ROSANA — Faut ben, si on veut vive!... Pauv' son pére! y avait pas tort, dans l'fond... On s'résigne, pis y finit toujours par avoèr des foès qu'on est heureux...

Celle qui jouait Rosana à la scène IV arrive et vient rejoindre son père.

ROSANA-IV — Savez-vous, son pére... j'pense que j'aurais queuqu' chose à vous dire.
CHARLES-ÉDOUARD-IV — Qu'est-c' qu'y a?
ROSANA-IV — Ben... c't une nouvelle, que j'voudrais vous annoncer.
CHARLES-ÉDOUARD-IV — Une nouvelle...? Une bonne nouvelle?
ROSANA-IV — Ah, oui! J'pense que vous allez trouver que c't une bonne nouvelle...

Elle reste là sans continuer, presque rougissante. L'autre Rosana, au premier plan, porte les mains à son ventre.

ROSANA — Mon Dieu! que j'tais don' contente!
CHARLES-ÉDOUARD-IV — Ça s'rait-y une nouvelle à propos... de toè, pis d'ton mariage?
ROSANA-IV, *baissant les yeux* — Ouais. C'est

ça... J'l'ai dit à Télesphore hier au matin. J'pense, là... Ch'us pas mal çartaine que m'as ach'ter.

CHARLES-EDOUARD-IV — C't-y vrai? Ah, beñ, là, tu m'fais plaisir, Rosanâ! Tu m'fais plaisir en grand!

ROSANA-IV — Moè'tou, son pére. Ça s'dit pas comment c'que ch'us contente!

CHARLES-ÉDOUARD-IV — Tu voès, ma tite fille... Dan'a vie, y a des foès qu'y faut s'faire une raison. Mais après... ça va pas toujours si mal.

ROSANA-IV — J'sais ben... J'aim'rais ben ça qu'ça soye un garçon!

Ils sortent tous les deux.

ROSANA, *souriant béatement* — Un garçon! Mon tit gars... Victorien! Y m'semb' que les aut' après, ça a jamais été 'a même chose. C'tait pas pareil. Lui, des foès, y m'faisait des affaires...

On entend de la coulisse la voix de Victorien.

VICTORIEN, *appelant comme un enfant* — Mâman!...

ROSANA — Y allait dans l'champ ramâsser des marguerites. Y faisait des gros bouquets. Y r'venait tout fier à'a maison, pis y m'donnait ça... *(Un silence.)* dans l'temps qu'y était p'tit.

On voit arriver, par un côté du plateau, Victorien avec celle qui jouait Rosana à la scène VII.

ROSANA-VII — T'arappelles-tu, Victorien, comment c'que t'as joué dans c'champ-là, quand t'étais p'tit?

VICTORIEN — Oui...

Ils contemplent le champ qui s'étend devant eux.

ROSANA-VII — Au commenc'ment d'l'été, d'même, tu ramâssais des brassées d'marguerites...

VICTORIEN — Une fois, y a un taon qui m'avait piqué.

ROSANA-VII — T'avais 'a main enflée, pis, à tous moments, fallait que j'te donne un bec dessus...

VICTORIEN — C'est là qu'y vont faire le stationnement pour le motel.

ROSANA-VII — Ouais. Dire qu'à c't'heure, on est même pus cheuz nous!

VICTORIEN — Bon! ben, v'nez-vous-en, mâman. Faudrait pas qu'les déménageurs arrivent au logement avant nous autres.

Un dernier regard sur le champ et Rosana-VII sort avec son fils.

ROSANA — Y m'semb' que depuis c'temps-là, j'ai pus jamais été cheuz nous. *(Elle contemple l'appartement autour d'elle.)* Icite, c't un beau log'ment... Pis Marie-Rose reste avec moè, quand a'est pas à l'hôpital... Mais c'pas ça que j'voulais! *(S'adressant au fils absent.)* C'pas ça qu'j'aurais voulu, Victorien. J'aurais aimé ça, qu'tu m'prennes cheuz vous. J'aurais aimé ça, qu'tu m'gardes avec toè pi'es enfants... *(Sourdement.)* Alle a pas voulu, elle. C'toujours de même, les brus, les belles-filles... *(Revenant à elle-même.)* Des foès, je m'demande si j'aurais pas été mieux avec la maison, comme avant... L'argent, c'est ben beau, mais c'est yen qu'des paquets d'troubes... Ah! Les affaires de chicane avec Georges-Albert...

Celui qui jouait Georges-Albert à la scène VI fait irruption sur le plateau.

GEORGES-ALBERT-VI, *criant, très en colère* — Toè, ma jeewiss! j'me sus pas assez watché d'toè, mais tu peux êt' sûre que m'as t'garder un chien d'ma chienne!

ROSANA, *comme aux abois* — Voyons! r'commence pas ces histoères-là, Georges-Albert! Lâche-moè tranquille. T'sais ben qu'j'ai l'cœur malade...

Celle qui jouait Rosana à la scène VI est arrivée, elle aussi sur le plateau. C'est à elle que Georges-Albert-VI va s'adresser.

GEORGES-ALBERT-VI, *toujours furieux* — La terre, la maison, l'argent du pére, toute la chibagne, j'ai rien dit. Mais là, si tu penses que tu vas t'mett' millionnaire avec ça, pis, moè, j'aurai pas une cenne, t'as menti, jeewiss!

ROSANA-VI — Cou' don', Georges-Albert...

GEORGES-ALBERT-VI — Shut up! Farme-toè, pis laisse-moè parler. Tu m'as pleumé comme une maudite voleuse, mais, m'as dire comme c'gars,tu l'emport'ras pas en paradis!

Au premier plan, Rosana s'agite.

ROSANA — Crie pas d'même, Georges-Albert! J'ai l'cœur qui m'débat comme un poulet!

ROSANA-VI, *avec une voix un peu rauque* — Moè, j'ai rien volé! C'tait l'testament...

GEORGES-ALBERT-VI, *vociférant* — Aye, toè! slacke-moè l'testament! C'est toè qui as monté l'pére pour qu'y m'déshérite, pis qui l'as seiné pour qu'y t'laisse toute. J'te l'mets su'a conscience, ma maudite!

ROSANA-VI, *haletante* — Parle-moè pas d'même, Georges-Albert... Ch'us pas ben... ch'us mal...

GEORGES-ALBERT-VI — Ben bon pour toè, maudite seineuse!

Rosana-VI se tient la poitrine, en proie à sa première crise...
En même temps, l'autre Rosana, en avant du plateau, sent venir celle qui sera la dernière.

ROSANA — Arrête, Georges-Albert! T'sais qu' ch'us pris du cœur... *(Haletant.)* C'est toè, c'te foès-là... C'est toè qui m'as rendue malade de même, Georges-Albert... Ch'us pas ben... Ch'us mal... J'pompe trop... Ça peut pas êt' les narfs... Ch'pas ben... Faudrait t'appelle el'docteur... G'g'Albert... l'docteur... docteur...

Elle reste là, l'oeil fixe, le regard dilaté, le souffle court, les doigts crispés sur la poitrine. Georges-Albert-VI et Rosana-VI ont déjà disparu du plateau. À leur place sont entrés les deux interprètes du père et du docteur à la scène I. Ils descendent lentement jusqu'à Rosana.

CHARLES-ÉDOUARD-I — V'nez, Docteur Câron.

DOCTEUR CARON, *avec bonté* — Pis qu'est-ce qu'alle a, la belle tite fille?

CHARLES-ÉDOUARD-I — Pas peûr, Rosanâ! c'est l'docteur Câron. Y vient t'soègner.

Le médecin pose sa main sur le front de Rosana, qui reste toujours immobile, haletant faiblement.

DOCTEUR CARON — Oui... alle a d'la fièvre. A'tousse-t-y beaucoup?

CHARLES-ÉDOUARD-I, *inquiet* — Pas mal, Docteur.

DOCTEUR CARON, *paternel* — Pauv' p'tite!...

Rosana parle sans bouger, d'une voix éteinte.

ROSANA — C'est vrai qu'ch'us p'tite... Me sens tell'ment p'tite... Une tite catin... Loulou...

Lentement, marchant sans faire de bruit, comme on entre dans la chambre d'un mourant, tous les autres interprètes sont apparus à l'arrière du plateau. Les six femmes sont ensemble, groupées très serré. Elles vont descendre à droite de Rosana. Les six hommes, eux, iront de l'autre côté, pour rejoindre le père et le docteur. Les femmes chantent d'une voix douce et plaintive, comme si elles s'aventuraient sur les territoires de la mort.

6 FEMMES

Ah! qui me pâssera le bois,
Moè, qui suis si petite?

ROSANA, *faiblement* — Tout p'tite... Tell'ment p'tite...

Les hommes se groupent autour de celui qui jouait le docteur. En chantant, ils le font avancer un peu vers Rosana.

6 HOMMES —

Ce sera monsieur que voilà:
N'a-t-il pas bonne mine, là!

ROSANA, *faiblement* — Y'nn a pas, d'monsieur... Y a un loup!...

6 FEMMES, *chantant avec angoisse* —

Somm' nous au milieu du bois?
Somm' nous à la rive?

ROSANA, *faiblement, s'éteignant peu à peu* — Fait noèr dans l'bois... Pâpâ!... j'ai peûr!... Y a un loup... Pâpâ! y a un loup... y a un loup... Loulou... Fait noèr... dans'a tête... un trou noèr... noèr... noèr...

Ses lèvres remuent encore une fois, à vide. Elle pousse un dernier soupir... Tous les autres, hommes et femmes, sont groupés de chaque côté, penchés au-dessus d'elle. Ils vont dire encore une fois le poème-refrain, sans timbre, sur le souffle.

CHOEUR —

Pâssent les jours,
Pâss' les années
Du temps qui pâsse,
Du temps qui va!
Pâss' les années!

Pâssent les jours !
La Vi', ça pâsse,
La Mort est là !

FIN

achevé à Montréal,
le 17 décembre 1973

ACHEVÉ D'IMPRIMER
EN AOÛT 2001
SUR LES PRESSES DE
MARC VEILLEUX IMPRIMEUR INC.
BOUCHERVILLE (QUÉBEC)
POUR LE COMPTE DE
LEMÉAC ÉDITEUR

DÉPÔT LÉGAL
1re ÉDITION : 1974
(ED.01 / IMP. 02)